地域経済分析ハンドブック

――静岡モデルから学ぶ地方創生――

山下 隆之 編著

晃洋書房

はじめに

　東京育ちの私にとって，電車の車窓から見える景色は日々変わっていくはずのものであったし，輸入品に溢れた街では外国が身近に感じられた．世界中を視野に入れている経済学の論理に疑いを挟む余地はなかった．

　縁があって，静岡へ移り住み教鞭をとるようになった．町の変化は信じられないくらいゆっくりしていて，地場商品中心の商店での買い物はいささか退屈だった．しかし，何年か過ぎると，変化に追われることの少ない毎日が幸せに思えてきた．そこには世界標準の経済学の教科書には登場しない経済活動が広がっていた．

　国立大学の法人化を迎えた頃から，われわれ教員にも地域貢献が求められるようになり，いろいろな会合に顔を出す機会が増えた．地元の研究者が語る地域経済の解説は，偉人伝であったり文化論であったりと，面白けれども情緒的で違和感がある．行政関係が呼ぶ専門家は東京その他の成功事例を模範とする題材が多くて，いま一つリアリティが感じられない．静岡県経済の実情は，その間のどこかにあるのだろうという素朴な疑問から地域経済研究を始めるようになった．

　地域経済研究を始めてみて意外だったのは，公的な統計資料が揃わないことであった．国全体の資料は沢山ある．ところが県に関する資料になると激減する．市町の資料に至っては体系的なものが見当たらない．自分1人の力ではどうにもならないので，同僚に助けを求めている内に研究仲間ができた．それが，本書の執筆陣である．

　本書の執筆陣は，元来は地域経済研究を専門としていない研究者と仕事上の要請で地域経済の分析に関わるようになった県職員である．ただし，その多く

が静岡県外の出身であるため，私の悩みを理解してくれた．それぞれの立場から地域経済の欠損データを埋めながら，共同研究を進めてきた．このため，本書は，経済理論，経済統計学，産業連関分析，計量経済学といったそれぞれのバックグラウンドが生きる内容となった．その点では本書が，経済学の心得はあるものの，これから地域経済にどのようにアプローチしていけばよいかを悩んでいる方々にとっての指針となるのではないかと自負している．

本書の内容の一部は，次の学会等で発表された報告を発展させたものである．日本経済政策学会（第5章），経済統計学会（第6章），独立行政法人統計センター（公的統計のミクロデータの利用に関する研究集会）（第6章），System Dynamics Society 等（第9章）．

なお，本書のベースになった研究には，財団法人静岡総合研究機構，日本学術振興会科学研究費補助金（第5章，第8章，第9章），静岡大学人文社会科学部学部長裁量経費（第3章，第6章）による支援を頂いてきた．さらに本書の公刊にあたっても，静岡大学人文社会科学部学部長裁量経費（研究公開助成金）を頂いた．深く感謝の意を表したい．

本書の刊行にあたり，川勝平太静岡県知事より，本書の帯文をお寄せ頂いた．静岡県の発展を願って上梓した本書に対して，経済学の先達であり，現在は静岡県の施政を司る川勝知事が寄書して下さったことは望外の喜びである．ここに深く感謝の意を表したい．

また，川勝知事への紹介の労をお取り下さった北川勝彦関西大学教授に，厚く御礼申し上げる．

なお，晃洋書房の丸井清泰氏には，ともすれば執筆が遅れがちの筆者達を根気強く支えて頂いた．改めて感謝したい．

2016年1月

執筆者を代表して

山下 隆之

目　　次

はじめに

序　章　地域経済分析モデルの設定と背景 ………………………… *1*

第Ⅰ部　基本編

第1章　静岡県経済の長期的な推移 ………………………… *9*
　　1　静岡県の産業の長期推移と特徴　(*10*)
　　2　地域間比較による静岡県の製造業の推移　(*14*)

第2章　需要主導型モデル ………………………………… *28*
　　1　経済基盤モデル　(*28*)
　　2　生産額から見た経済基盤モデル　(*31*)
　　3　地域マクロ経済モデル　(*32*)
　　4　移出主導型モデルにおける乗数効果　(*35*)
　　5　県民経済計算　(*37*)
　　6　県内総生産の要因分解　(*38*)
　　7　地域マクロ経済モデルの拡張　(*40*)
　　8　需要変動と生産要素の移動　(*42*)

第3章　基盤産業の把握 …………………………………… *46*
　　1　特化係数の方法と例証　(*47*)
　　　　——地域の主要産業としての基盤産業——
　　2　特化係数と構成比を用いた合成指標による分析　(*55*)
　　3　特化係数によるアプローチの拡張　(*57*)
　　4　修正特化係数の方法と例証　(*63*)
　　　　——地域の移出産業としての基盤産業——

第4章　供給主導型モデル …………………………………… 69
1　生産プロセス　(69)
2　新古典派の経済成長モデル　(71)
3　経済成長の構成要素　(76)
4　人口減少の影響　(79)
5　経済成長と地域間格差の収束　(80)
6　地域間格差の拡大　(82)

第5章　シフト・シェア分析 …………………………………… 86
1　シフト・シェア分析　(86)
2　相対的シフト・シェア分析　(90)
3　地域経済の機能　(92)
4　全国動向との関連　(95)

おわりに　(98)
　　──静岡県の現在──

第Ⅱ部　応用編

第6章　労働の域内移動 ……………………………………… 103
1　統計データ　(103)
2　局所的分析の方法　(105)
　　──移動率・移動選択指数・移動効果指数──
3　総合的分析の方法　(108)
　　──数量化Ⅳ類とクラスター分析──
4　静岡県における分析事例　(112)

第7章　人口の社会移動分析 ………………………………… 120
1　全国規模での社会移動の状況　(122)
2　静岡県をケーススタディとした地域間の社会移動分析　(131)
3　社会移動に影響を与えうる要因のまとめ　(146)

第8章 産業連関モデルによる基盤産業の把握 …………………… 148
はじめに （148）
1 分析モデル （149）
2 域内産業連関表による基盤産業の把握 （160）
3 主要産業の経年変化 （166）
4 他の工業県との比較 （167）
おわりに （170）

第9章 システムダイナミックス ………………………………… 172
はじめに （172）
1 モデルの構造 （174）
2 人口動態のモデル化 （175）
3 労働力のモデル化 （177）
4 需要のモデル化 （178）
5 供給のモデル化 （182）
6 モデルの全体像 （183）
7 将来推計 （184）
おわりに （188）

終 章 政策的提言 ……………………………………………… 193
1 需要面からみた経済成長 （193）
2 産業基盤を生かした経済成長 （194）
3 産業と人口 （196）
4 供給面からみた経済成長 （198）
5 高等教育の充実 （199）
6 女性の活躍推進 （201）

索 引 （205）

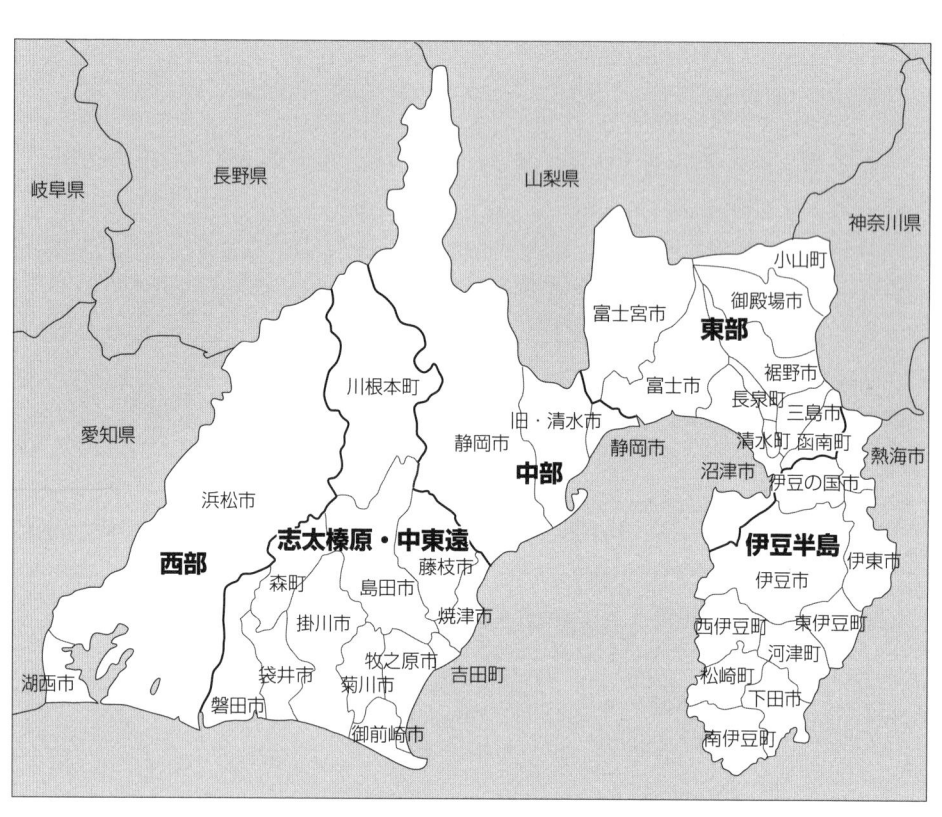

序章

地域経済分析モデルの設定と背景

アダム・スミスの『国富論』以来,経済学は国民経済がどのようにして成長していくのかを明らかにしてきた.しかし,国民経済の解明とは別に地域経済の研究が必要なのは,日常の経済活動を通して次のような疑問が生じるからである.

「なぜ都会には多くの商品があるのだろう?」,「なぜ都会の人々は豊かな生活をしているのだろう?」,「なぜこの地域では子どもの数が減ったのだろう?」

本書の目的は,このような疑問への答えを見つけることにある.まず,地域経済に関するいくつかの事実を確認しよう.

事実1:人口の成長と県内総生産の成長との間には相関がある.

図1は,人口の年平均成長率を横軸に,県内総生産(2005暦年基準)の年平均成長率を縦軸にとって,各県のデータを点でプロットしたものである[1].

人口成長率の高い地域は豊かになる傾向がある.近年,人口減少を巡る議論が盛んとなっているのは,この経験則を踏まえているからである.

事実2:域際収支と県民所得には相関関係がある.

地域経済は,移出(export)と移入(import)を通じて他の地域と経済的に繋

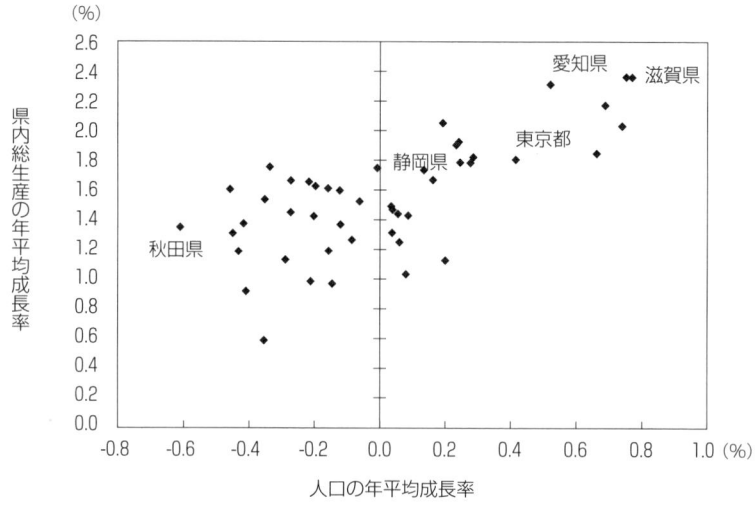

図1 人口と県内総生産 (1985〜2012年度)
(出所) 内閣府経済社会総合研究所『県民経済計算』各年版より筆者作成.

がっている[2]. 国内において移出の拡大で経済成長がみられる地域があるということは，移入の増大で経済成長が損なわれる地域があることになるが，移出と移入の差である域際収支 (balance of payment) の水準は地域経済の所得水準と密接に関係している．所得水準の指標としては，その地域の経済的厚生を示す人口1人当たり県内総生産をとろう．

図2は2012年度の県内総生産に占める域際収支の割合と人口1人当たり県内総生産との関係をみたものである．相関係数は $R=0.808$ で強い相関があり，域際収支が黒字の地域は所得水準が高く，赤字の地域は所得水準が低いことがわかる．全国平均はそれぞれ6.26％と429万9000円であり，東京都，愛知県，静岡県，滋賀県が両方の指標で全国平均を上回っている．

これら豊かな地域の特徴は何だろうか．それを探るのが本書の目的の一つである．

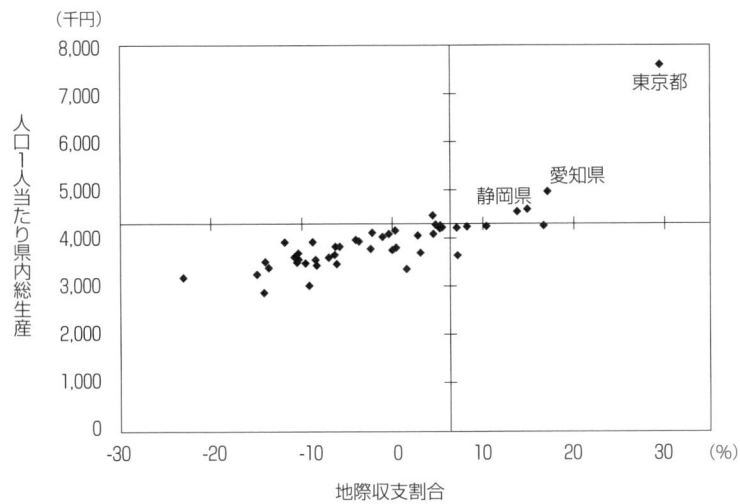

図2　域際収支と県内総生産

(出所) 内閣府経済社会総合研究所『県民経済計算』平成24年版より筆者作成.

事実3：観光による経済成長はあまり期待できない．

　近年，地域経済では，観光振興の議論が盛んである．背景には，アジアの新興工業国との競争が激化してきたことで生産拠点を海外に移し始めた製造業に代わり，観光産業の経済波及効果と外貨を稼ぐ力が注目されるようになった事情がある．観光産業は，旅行業，宿泊業，飲食業にとどまらず，運輸業，製造業などとも密接に連携する総合産業であるが，その中心となる宿泊業，飲食業は近年の観光振興のおかげで雇用が着実に伸びている．しかし，一方で，宿泊業，飲食業は他の産業と比べると低い賃金水準に留まる産業でもある．図3は飲食店・宿泊業の就業者数の年平均成長率（2005～2010年度）と人口1人当たり県内総生産（2010年度）との関係をみたものである．

　相関係数は $R=-0.160$ でほとんど相関がみられない．現状では，観光産業

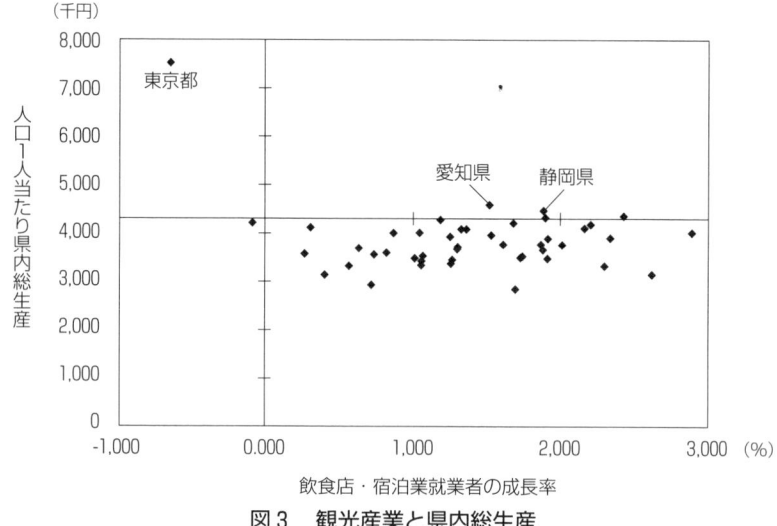

図3　観光産業と県内総生産

(出所) 内閣府経済社会総合研究所『県民経済計算』，総務省統計局『国勢調査報告』より筆者作成．

に経済成長の先導役を期待することは難しい．地域経済の成長産業は他に求める必要がある．

　この本の次章以下では，地域経済の成長に関する2つの主要問題を考察する．
　第1の問題は，経済成長の原動力は何であるかという問題である．日本経済は，過去60年以上に亘り，他の国と比べると順調と言っても差し支えない経済成長を遂げてきた．しかし，国内各地域の1人当たり所得水準の間には格差が存在すると度々指摘されてきた．経済成長の原動力が解明されれば，そうした格差の解消に役立つはずである．
　第2の問題は，人口の変化が経済成長に与える効果という問題である．人口成長の低下は予てより先進国に懸念されてきた問題であるが，実際にマイナス成長の時代が訪れた．経済学全般を見渡しても，この問題の分析に関しては，十分な準備がなされているとは言い難い状況にある．地域経済における人口減

少の影響を正しく知ることが必要である．

注
1) 1985年度から2012年度に亘る平均成長率は幾何平均（geometric mean）を使って求めた．ある年に観測された経済量を X_t，翌年に観測された経済量を X_{t+1} とするならば，成長率は次の式で定義される．

$$g = \frac{X_{t+1} - X_t}{X_t}$$

もしも，X_t が2年間に亘って同じ率 g で成長するならば，2年後は次のようになる．

$$X_{t+2} = X_{t+1} \times (1+g) = [X_t \times (1+g)] \times (1+g) = X_t \times (1+g)^2$$

同様に，もしも n 年間，同じ率 g で成長すると次のようになる．

$$X_{t+n} = X_t \times (1+g)^n$$

この式を g について解くと，

$$g = \left(\frac{X_{t+n}}{X_t}\right)^{\frac{1}{n}} - 1$$

を得る．

2) 移出は財を国内の他の地域へ送り出すこと，移入は財やサービスを国内の他の地域から買い入れることを意味する．輸出は自国の財を国内から国外へ送り出すこと，輸入は他国の財を自国へ買い入れることを意味する．ただし，県民経済計算における移出と移入はそれぞれ輸出と輸入を含んでいる．

第 I 部

基 本 編

第1章
静岡県経済の長期的な推移

　本章では，地域経済分析のケーススタディとして静岡県経済を扱う．静岡県経済の特徴を，1950年代から近年までの推移でとらえ，特に製造業の特化度を高めてきた経緯を，国の産業政策との関連や全国との比較を交えながら明らかにしたい．

　静岡県は，しばしば「全国の3％，10位の経済圏」といわれるが，それは，地域経済の基礎となる人口規模と表裏一体にあるものと考えられる．また，国土全体からみてほぼ中央，東京と名古屋の中間に位置し，海に面するとともに，人工林面積は64.2％（全国10位）を占め，第1次産業から第3次産業まで多様な産業が立地することが特徴である．

　まず第1次産業では，温暖な気候を生かし，各地域で野菜，果実，花卉などで付加価値の高い農産物が生産されており，静岡県のイメージとなっている茶，ミカン，温室メロンの出荷量で[1]，また，中部の焼津や清水には主要な漁港があるため漁業も盛んで，カツオの漁獲量やマグロの輸入量などは全国1位（2012年）である．

　製造業では，製造品出荷額が全国第4位（2012年）であり，生産額の特化係数が1.7を超えるなど，静岡県の主要産業[2]となっている．地域別では，西部地域にはスズキやヤマハなどの企業の本社が所在し，輸送用機械や電気機械器具等の生産が盛んであり，中部地域には食品加工業や電気機械，富士地域には，紙・パルプや輸送用機械，東部地域には機械関連産業のほか，医薬品製造が各地に立地するなど，「ものづくり県」としての性格が強い．

第3次産業は，卸売・小売りなど商業が，人口集積に比例して県内に分布しているほか，県庁所在地の静岡市には都市型のサービス業の集積が見られる．また，多くの温泉地を有する伊豆半島は，国内屈指の観光地として，宿泊業，飲食業などの観光関連産業が基盤産業となっているほか，富士山周辺，奥大井，浜名湖周辺でも観光地を形成し，関連産業が分布している．

　なお，一般的に「観光業」，「観光産業」と言われる分野は，産業分類上は存在しないが，簡潔に言えば，観光に関連する民間の企業活動を総称し，産業分類上は，交通業，飲食業，旅行業，関連の農林水産業，小売業など第1次産業から第3次産業まで幅広い業種を含む複合的な産業である．国際的に比較可能な基準として，UNWTO（世界観光機関：World Tourism Organization）が定めたSNAのサテライト勘定であるTSA（旅行・観光サテライト勘定：Tourism Satellite Account）があり，観光庁でもこれを基本に日本の観光産業の経済効果を試算している．この基準を参考にした2003年実績に基づく試算では，静岡県内の旅行消費額は7878億円で，GDPに当たる付加価値効果は3215億円で，同年の静岡県内総生産の2.04％に相当する［静岡総合研究機構　2006：167］．

1　静岡県の産業の長期推移と特徴

(1)　県内総生産と移出の高さ[3]

　静岡県の県内総生産の全国に占める比率は1955年時点で3.0％であり，2012年度でも3.1％と，若干の変動はあるが概ね3％経済という姿は基本的に変わっていない．この全国順位は戦後初期には8位であったが，高度成長期を通じて首都圏への一極集中が進む中で1972年に埼玉県，千葉県に抜かれ，全国10位となり現在に至っている．[4]

　静岡県のもう一つの特徴は，県内総生産（付加価値額）に対する移出の割合が高い点である．全国的に，大都市圏近郊の製造業の盛んな県で移出率の高い傾向が見られるが，静岡県は，首都圏と中京圏の中間にあり，陸上・海上交通の

第1章 静岡県経済の長期的な推移　11

表1-1　静岡県の全国的な位置付け

項　目	静岡県	単位	全　国	全国シェア	順位	統計年次
人口	3,723	千人	127,515	2.9	10	2013年
県内総生産（名目）	154,853	億円	5,001,582	3.1	10	2012年度
農業産出額	2,114	億円	86,106	2.5	16	2012年
林業産出額	88	億円	3,887	2.3	11	2012年
海面漁業・養殖業生産額	588	億円	13,287	4.4	5	2012年
製造品出荷額等	157,077	億円	2,887,276	5.4	4	2012年
小売業年間商品販売額	32,406	億円	1,104,899	2.9	10	2012年
観光交流客数	12,967	万人	228,065	5.7	4	2011年
1人当たり県民所得	3,195	千円	2,972	―	3	2012年度

（注）従業者4人以上の事業所を対象とする．
（出所）静岡県統計利用課『平成26年度版　統計ハンドブック』より筆者作成．

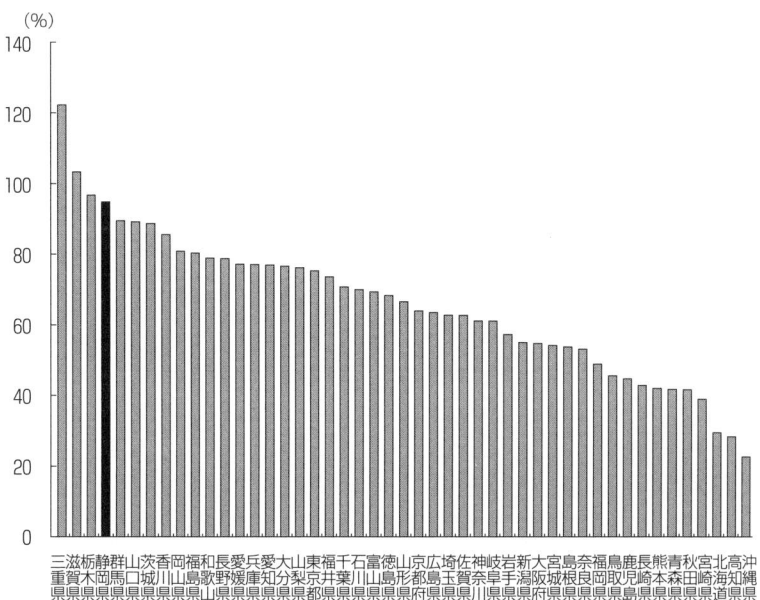

図1-1　都道府県のGDPに対する移出額の比率

（出所）内閣府経済社会総合研究所『県民経済計算』平成21年版より筆者作成．

12 第Ⅰ部　基　本　編

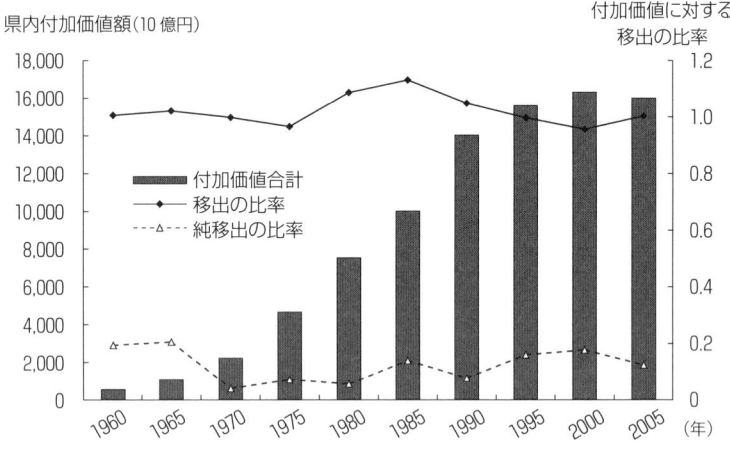

図1-2　静岡県の県内総生産（付加価値）と移出額の比率の推移
（出所）静岡県統計利用課『静岡県産業連関表』各年版より筆者作成．

便がよく，大都市圏など他地域との取引を基盤に発展してきたことを反映していると考えられる．

(2) 静岡県の産業構造の長期的推移

　産業構造の長期的な変化については，就業人口が第1次産業から第2次，第3次産業へシフトしていくペティ＝クラークの法則が有名であるが，全国と静岡県の変化を生産額によりみてみよう．

　まず全国では第1次産業の比率は一貫して減少している．第2次産業は1970年代まではほぼ50％弱で推移していたが，70年代後半から減少幅が大きくなり，第3次産業の比率はこの間一貫して上昇している．

　静岡県の第2次産業の比率は，全国で減少している間も1990年度まで上昇を続け，その後やや下がったとはいえ，40％を超えており，2010年度では全国とは10ポイント以上の差がある．対照的に第3次産業は1990年度まではほぼ横ばいで，それ以降上昇傾向にあるものの全国より15ポイント近く低い．第2次産

第1章　静岡県経済の長期的な推移　　13

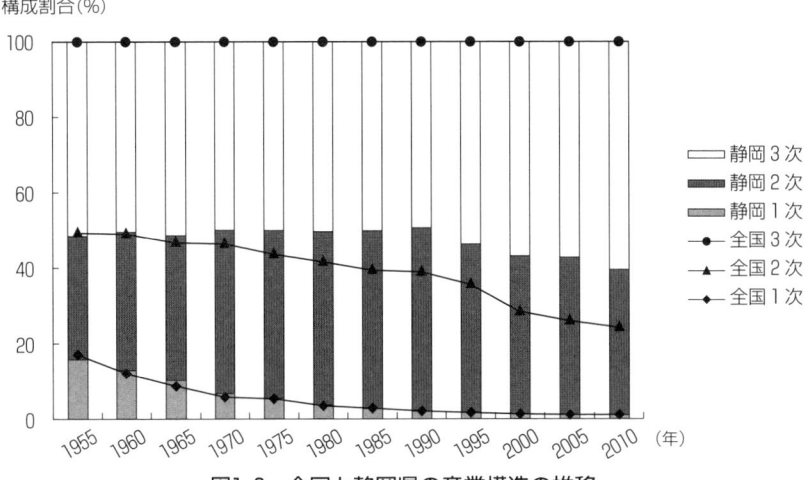

図1-3　全国と静岡県の産業構造の推移

（出所）内閣府経済社会総合研究所『県民経済計算』各年版より筆者作成.

表1-2　静岡県の林業，水産業の生産額の特化係数

	1955年	1960年	1965年	1970年	1975年
林　業	1.18	1.35	1.64	1.50	1.18
水産業	1.19	1.54	1.60	1.63	1.11

（出所）内閣府経済社会総合研究所『県民経済計算』各年版より筆者作成.

業の主体は製造業であり，静岡県が「ものづくり県」といわれる状況を示している．

　これを産業別の生産額の特化係数でみると，1955～1970年では，林業，水産業は1.5前後と，林業や水産業の特化度が高い一方[5]，製造業の特化度は1前後，製造業生産額の全国シェアも3％前後と平均的であり，静岡県が製造業を中心とした産業構造の特徴を表すのは，1960年代以降である．一方，林業は70年代に入り安価な輸入材の増加による，木材価格の急落により急速に衰退していく．

2 地域間比較による静岡県の製造業の推移

(1) 製造業の特化度とシェアの時系列データによる地域比較

　静岡県の製造業生産額における全国シェアの動きをみると，1955年には3.28％であったものが，1960年には2.99％とむしろ低下したが，その後上昇し，1985年には4％，2000年には5％を超え，2005年には5.77％と比率を高めた．

　同時に静岡県の製造業の特化係数を見ると，これも，1955年に1.06であったものが，1960年には1.01と下がったが，その後上昇し，1980年には1.31となり，2000年には1.42，2005年には1.76と一貫して上昇している．

　このように静岡県では，製造業の特化度と全国シェアが同時に高まっており，製造業の高い成長が産業全体を牽引してきたという構造が見られる．

　戦後，国や自治体が，国土の利用，開発，保全及び産業立地の適正化を図るための総合的かつ基本的な計画として，1962年に国土総合開発法に基づいて「全国総合開発計画」（一全総）が策定され，1998年策定の「21世紀の国土のグランドデザイン」（五全総）まで続いた[6]．一全総においては，「工業整備特別地域整備促進法（1964年）」による工業整備特別地域として，太平洋ベルト地帯の既成の大都市の中間または周辺地域に，大都市からの分散を図る目的で6地域が選定され，整備が進められた．静岡県では，工業整備特別地域として沼津市などを中心とした東駿河湾地区へのコンビナート整備計画があったが，住民の反対運動などにより頓挫し，初期においてはこの流れに乗れなかった．

　ここで比較のために，下記の6地域が所在する各県とその後の推移の比較を行った．

　　1．鹿島地区（茨城県）　　3．東三河地区（愛知県）　　5．備後地区（広島県）
　　2．東駿河湾地区（静岡県）　4．播磨地区（兵庫県）　　6．周南地区（山口県）

　この中で，静岡県と同様に，製造業の特化度と全国シェアが同時に高まって

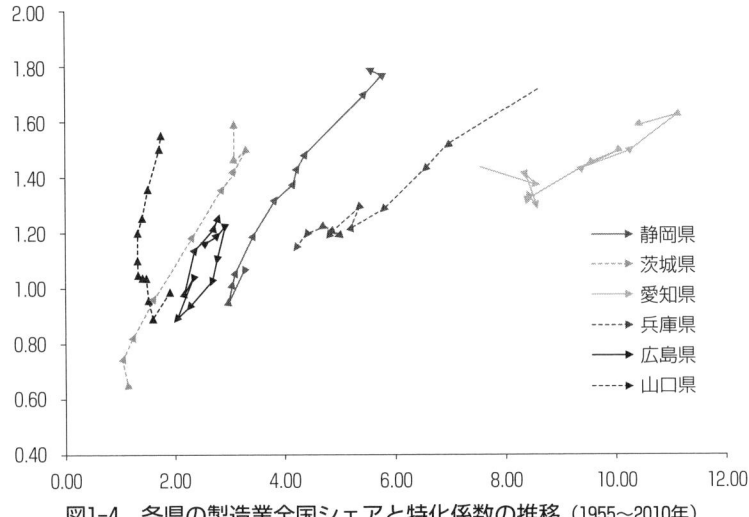

図1-4 各県の製造業全国シェアと特化係数の推移（1955〜2010年）
（出所）内閣府経済社会総合研究所『県民経済計算』各年版より筆者作成.

いるのは茨城県であり，首都圏の発展との関係で類似性を持つ可能性がある．

　愛知県は，従来，製造業の特化度は1.5台の高水準で全国シェアもかなり高いが，この間に 8 ％前後から10％超と 2 ポイント上昇している．

　山口県は，特化度は一貫して上昇しているものの，全国シェアはほぼ 2 ％で変化がない．対照的に，兵庫県は，この間ほぼ一貫して特化度，全国シェアとも下降しており，基盤産業は，第 2 次産業（製造）から第 3 次産業へシフトしたことがうかがえる．広島県は両数値とも，1985〜90年にかけて下降し，その後再び上昇しているが変化の幅は少ない．

　次に，産業別の就業者の推移を静岡県と兵庫県で比較してみよう．静岡県の場合，**図1-5**のように1955年には第 1 次産業の就業者が最も多い．1960年頃に，第 1 次産業がと第 2 次産業と逆転しているが，その差は僅かで，60年代以降その差が広がっていく．

　兵庫県（**図1-6**）では， 5 年早い1955年には第 3 次，第 2 次，第 1 次産業の順

16　第Ⅰ部　基本編

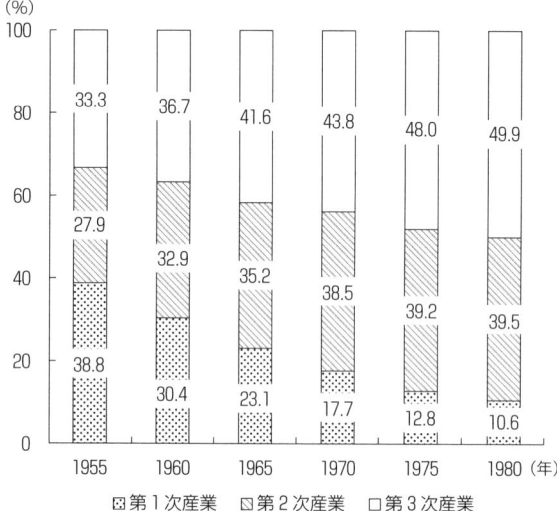

図1-5　産業別就業者の推移（静岡県）

（出所）総務省統計局『国勢調査報告』各年版より筆者作成.

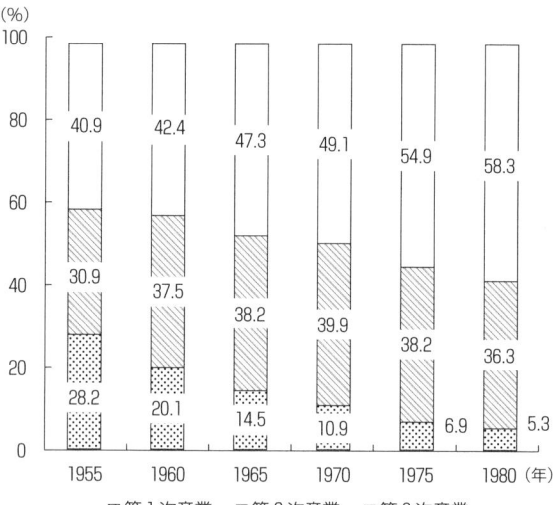

図1-6　産業別就業者の推移（兵庫県）

（出所）総務省統計局『国勢調査報告』各年版より筆者作成.

第1章　静岡県経済の長期的な推移　17

表1-3　各県の県内総生産、製造業生産額の全国比と製造業特化係数の推移

		1955年 (昭和30年)	1960年 (昭和35年)	1965年 (昭和40年)	1970年 (昭和45年)	1975年 (昭和50年)	1980年 (昭和55年)	1985年 (昭和60年)	1990年 (平成2年)	1995年 (平成7年)	2000年 (平成12年)	2005年 (平成17年)	2009年 (平成21年)
静岡県	県内総生産全国比	3.08	3.16	3.04	2.97	2.94	2.91	3.04	2.98	2.96	3.22	3.27	3.13
	製造業生産額全国比	3.28	2.99	3.05	3.11	3.44	3.83	4.17	4.23	4.38	5.45	5.77	5.57
	製造業特化係数	1.06	0.94	1.01	1.05	1.18	1.31	1.37	1.42	1.48	1.69	1.76	1.78
茨城県	県内総生産全国比	1.65	1.58	1.50	1.69	2.03	2.12	2.21	2.19	2.21	2.21	2.13	2.13
	製造業生産額全国比	1.16	1.05	1.21	1.61	2.35	2.86	3.13	3.08	3.31	3.30	3.10	3.09
	製造業特化係数	0.64	0.74	0.81	0.95	1.18	1.35	1.42	1.41	1.49	1.50	1.45	1.58
愛知県	県内総生産全国比	6.23	5.27	6.61	6.61	6.78	6.38	6.59	6.75	6.59	6.36	6.87	6.60
	製造業生産額全国比	7.56	8.54	8.37	8.57	8.42	8.41	9.54	10.06	9.46	10.28	11.13	10.45
	製造業特化係数	1.43	1.37	1.41	1.30	1.33	1.32	1.45	1.49	1.43	1.49	1.62	1.58
兵庫県	県内総生産全国比	5.02	4.59	4.58	4.53	4.59	2.64	4.05	4.05	4.19	3.89	3.69	3.69
	製造業生産額全国比	8.60	6.96	6.57	5.80	5.20	5.36	4.83	4.86	5.00	4.75	4.40	4.22
	製造業特化係数	1.71	1.51	1.43	1.28	1.21	1.29	1.19	1.20	1.19	1.22	1.19	1.14
広島県	県内総生産全国比	2.21	2.34	2.40	2.52	2.82	2.45	2.31	2.27	2.23	2.25	2.25	2.24
	製造業生産額全国比	2.55	2.78	2.93	2.79	2.70	2.29	2.05	2.35	2.18	2.37	2.73	2.79
	製造業特化係数	1.16	1.18	1.22	1.10	1.02	0.93	0.89	1.04	0.98	1.13	1.21	1.25
山口県	県内総生産全国比	1.89	1.80	1.60	1.44	1.47	1.28	1.21	1.11	1.13	1.12	1.15	1.13
	製造業生産額全国比	1.91	1.60	1.52	1.49	1.42	1.34	1.33	1.33	1.41	1.52	1.72	1.75
	製造業特化係数	0.98	0.89	0.95	1.03	1.03	1.05	1.10	1.20	1.25	1.35	1.50	1.55

(出所) 内閣府経済社会総合研究所『県民経済計算』各年版より筆者作成.

となっており，第1次産業の構成比は28.2％と静岡県よりも10ポイント低い．また第2次産業の構成比は，1960年代までは伸びが大きいが，1970年をピークに減少に転じ，第3次産業が比率を上げていく．これに対し，静岡県は第2次産業の比率は1980年まで一貫して上昇している一方，1980年時点で第3次産業比率は兵庫県よりも約10ポイント低い．

このように，就業者で見ても，静岡県の製造業が経済成長の基盤産業となっていく傾向は1960年代以降に強まり，一方，第3次産業の伸びは大都市圏ほど高くなく，こうした推移の中でものづくり県としての産業構造を形成してきたことがわかる．

(2) 静岡県の製造業における構造変化

ここでは，静岡県の製造業の中で，業種別の推移をみるために産業分類の中分類により，特に大きな変化が始まったと考えられる1960年と，高度経済成長を経て，構造変化がかなり進んだと考えられる30年後の1990年時点の製造品出荷額[7]の比較により考察する．

1960年の製造品出荷額の中で構成比のトップは，輸送用機械器具（当時は二輪が主）が16.1％で，全国シェアは7.28％，特化係数も1.86と高く，1990年（四輪が主）には，構成比は21.7％，全国シェアも7.49％とさらに比率を高めている．ただし，特化係数は1.50とむしろ若干下がっている．

1960年に第2位であった，パルプ・紙・紙加工品は，構成比15.0％から6.68％と半分以下となったが，全国シェア15.1％から12.3％と若干の減少，特化係数は3.86から2.46に下がっている．

3位であった食料品は構成比13.0％が，1990年位は10.5％と若干下がっているものの，全国シェアは若干上がっている．

この間伸びたものは電気機械器具で，構成比は1990年には15.2％と3倍以上増加し，化学工業（医薬品類が主）は，構成比は6.73％から9.67％に特化係数も0.71から1.33に大きく伸びている．

表1-4 静岡県の製造品出荷額等の時点比較（1960～1990年）

	1960年			1990年		
	構成比(%)	全国シェア(%)	特化係数	構成比(%)	全国シェア(%)	特化係数
食料品（飲料・たばこ・飼料含む）	13.0	4.26	1.09	10.5	5.14	1.03
繊維工業	11.4	3.99	1.02	1.44	2.97	0.60
衣服・その他繊維製品	0.46	1.59	0.41	0.43	1.54	0.31
木材・木製品	5.71	6.57	1.68	1.70	5.98	1.20
家具・装備品	1.01	4.21	1.07	1.50	5.96	1.19
パルプ・紙・紙加工品	15.0	15.1	3.86	6.68	12.3	2.46
出版・印刷	0.76	1.16	0.30	1.31	1.68	0.34
化学工業	6.73	2.77	0.71	9.67	6.65	1.33
石油製品・石炭製品（プラスチック製品含む）	2.41	3.90	0.99	3.50	3.01	0.60
ゴム製品	0.75	1.94	0.49	1.24	5.49	1.10
なめし革・同製品・毛皮	0.02	0.16	0.04	0.03	0.43	0.09
窯業・土石製品	1.41	1.60	0.41	1.32	1.99	0.40
鉄鋼業	1.08	0.39	0.10	1.56	1.38	0.28
非鉄金属	5.11	4.58	1.17	4.31	8.92	1.79
金属製品	3.53	3.56	0.91	4.28	3.72	0.74
一般機械器具	6.79	3.38	0.86	8.40	3.99	0.80
電気機械器具	4.86	2.25	0.58	15.2	4.49	0.90
輸送用機械器具	16.1	7.28	1.86	21.7	7.49	1.50
精密機械器具	0.35	1.23	0.31	1.04	3.28	0.66
その他	3.51	5.63	1.44	4.22	13.3	2.68
合計	100.0	3.92		100.00	4.99	

(出所) 経済産業省『工業統計調査』各年版より筆者作成.

　一方，減少した業種としては，1960年に4位であった繊維工業の構成比は11.4％から1.44に，木材・木製品（木材の加工）の構成比は，5.71％から1.70に減少している．

　このように，静岡県の製造業は，1960年頃には，国家的な産業政策であった，

繊維などの軽工業や製紙・木材など素材産業から，重化学工業へシフトする動きには乗れなかったものの，その後の輸送用機械を中心とした機械製造，電気機械，医薬品類を中心とした化学工業など，高い生産額（出荷額）を生む分野へシフトし，主役を変えながら，製造業全体としては高い成長を実現してきたといえる．

(3) 地域別の産業構造変化

ここでは，静岡県の産業の特色とその推移を地域ごとに歴史的経過を踏まえてみていくこととする．

1）東部，伊豆地域

東部地域は，首都圏に近いことから，戦前から中央の大資本が進出した．沼津市では，東芝機械が軍需産業として進出したものが戦後は民需に転換し，工作機械などを生産している．その他，沼津市には，リコー，明電舎，富士通などが立地し，地元資本の矢崎総業は，電線，ケーブル，計測機械など，幅広い分野に拡大するなど，高度経済成長の中で製造業が発展した．1964年に工業整備特別地域に指定され長泉町などに東レが進出したが，中核であった沼津，三島地区に石油化学コンビナートを建設する計画は，地元の反対運動などにより頓挫した．

沼津市の北に位置する御殿場市，裾野市，長泉町など駿東地区では，1960年代以降，東名高速道路や工業団地の整備と相まって，トヨタ自動車富士研究所，関東自動車（現在，トヨタ自動車東日本）などの輸送機械，キリンシーグラムなどの食品や医薬品の研究所を持つ協和発酵（現在，協和発酵キリン）など，首都圏の拡大といえる形でさまざまな製造業が立地した．しかし，2000年代以降は，全国的に大手企業の生産拠点の海外移転や再配置などの動きの中，沼津市では，フジクラ（旧藤倉電線）の縮小，ジヤトコ，西武百貨店の撤退などもあり，人口の転出超過数が市町村で全国ワースト7位（2014年）となった．こうした中で，

県は2002年長泉町に設立された県立静岡がんセンターを中心に，医療・健康関連産業の振興策「ファルマバレープロジェクト」により，研究機関と企業のマッチング等を促進し，民間でもベックマン・コールター，オリンパステルモバイオマテリアルが進出した．

　富士地区では，富士山の豊富な地下水を活用して，1890 (明治23) 年に日本初の本格的な西洋式製紙工場である富士製紙 (現在，王子エフテックス) が設立され，近代的な製紙産業が始まった．その後も大手企業による工場が建設される一方，そこからスピンオフした企業が先駆となり，地元資本による中小工場が相次いで誕生した．戦後はその一つの大昭和製紙 (現在，日本製紙) が急成長し，大手は，パルプ，印刷用紙，段ボール原紙など，中小はトイレットペーパーなど再生紙を生産する全国屈指の製紙産業の集積地となり，現在も200を超える関連事業所がある．また，製紙関連の機械を製造する機械製造業もこの地域で発展した．しかし，近年日本の製紙産業は海外とのコスト競争が厳しく企業統合，規模縮小が進んでいる．

　製紙以外にも，戦前には富士市に日産自動車が立地し，現在自動変速機を製造するジヤトコの本社工場となっているほか，化学製品を製造する旭化成，医薬品の興和や藤沢薬品 (現在，アステラス製薬)，富士宮には医療機器のテルモや小野薬品などの企業が進出しており，富士市の生産額は県内で，静岡市，浜松市，磐田市に次いで第4位 (2012年度) となっている．

　伊豆半島地域では，本来，農林水産業が主体であり，各地で木材，シイタケ，花卉等の栽培が行われ，田方地区ではトマトなどの都市向けの野菜やイチゴ狩りなど観光関連型の農業が行われている．また，漁港が点在し，沿岸漁業が行われている．

　観光産業は，伊豆半島地区の主要産業であり，県内宿泊者の57％ (2013年) を占める [静岡県観光政策課 2015：22]．伊豆には古くから熱海，伊東，修善寺，天城など各地に湯治場があり，明治期には熱海は東京の文化人や政治家が訪れる保養地となった．1934 (昭和9) 年，東海道線が丹那トンネル開通により熱

海，三島を通過するようになると，東西からのアクセス$^{8)}$が向上し，伊豆全体が観光地化した．1950年代後半にはレジャーの大衆化により，首都圏からの観光客が増加し，1961年の東急による伊豆急行線の整備，1964年の東海道新幹線の開業によりこの動きがさらに加速した．しかし，1970年代になると，旅行の主流は団体旅行から少人数単位となり，加えて，空路，新幹線，高速道路網の整備などにより伊豆半島の優位性が失われたため，観光客数は伸び悩み，バブル期の1991年をピークに減少が続いた$^{9)}$．この間，変化に対応できない施設は淘汰される一方，経営者の世代交代や外部の新機軸の企業の参入などにより，熱海市，伊東市では，2011年頃をボトムに宿泊客数が上昇に転じるなど，復活に向けた動きがみられる．

2）中部地域

中部地域では，県庁所在地であり，城下町として発展してきた静岡市は，歴史的に商業や金融・保険など第3次産業の比率の高い地域であるが，製造業にもそれぞれの歴史的経過を踏まえた産業の立地が見られる．

静岡市では，江戸時代初期に浅間神社などの造営に携った職人が当地に居着いたことを起源とする漆器，指物，家具などの技術を生かして，漆器や塗り下駄などが生産され，明治から大正にかけては，漆器が欧米にさかんに輸出されて外貨を稼いだ．また，家具の一つ，鏡台の主産地でもあったが，戦後，鏡を使用する技術から自動車用バックミラー製造に転換した村上開明堂は，現在この分野でトップシェアの企業として，海外にも展開している．

また，戦前には，木製品製造技術を生かして飛行機や船などの木製模型や教材としてのライトプレーンなどを製造する企業群があり，これらが戦後，模型産業として復活し，1960年頃にプラスチックモデルに転換し，この中からタミヤ，アオシマ，ハセガワ等全国を代表するような企業に成長し，プラスチックモデルメーカーの集積地に変貌した［日本プラモデル工業協同組合 2008：100-170］．

塗り下駄からサンダル製造に転換したダイマツなど，高度成長期には，中小

企業が成長したが，工場周辺の都市化にともない，藤枝市，焼津市など周辺地域へ工場を移転し，その後の円高等により，東南アジアへ主力工場を移転している．

　静岡の代表的農産物であるお茶は，江戸末期には既に全国有数の産地であったが，明治に入り，旧幕臣による牧之原地区などの開墾により全国一の生産地となるとともに，後半には，アメリカ向けの主要な輸出品となり，横浜に代わって清水港から直接積み出されるようになると，静岡茶市場は全国の茶の流通の中心となった．また，清水港の海運業から成長した鈴与は物流全般，旅客，建設，エネルギーなど多分野に展開している．

　静岡，清水地区には，軍需産業として大企業の金属・機械製造業も立地したが，戦後は民生用に転換した自動車用照明機器のトップメーカーである小糸製作所や精密機械のスター精密などが成長した．

　清水港と焼津港は遠洋漁業基地でもあり，漁業とともに魚類を原料とする練り製品等の水産加工品や，戦後は，輸出品としてマグロや地元産のミカンの缶詰の製造から発展した，はごろもフーズやホテイフーズなど地元企業による食料品製造業が立地している．

　静岡市の西に位置する焼津市，藤枝市など志太，榛原，小笠地区は，田園地帯であり，米，茶，都市向けの野菜，ミカン，温室メロンなど付加価値の高い農業が行われてきたが，1970年代には，静岡市内の中小工場が騒音や用地の問題などでこの地区の工業団地に移転するとともに，東名高速道路の整備などにより，大手企業が立地する動きが盛んとなり，CDを製造するソニー・ミュージック・エンタテイメント（現在，ソニーDADCジャパン）や豊富な地下水を活用する，食品の明治製菓，日清食品，薬品の中外製薬，持田製薬，ツムラ，山之内製薬（現在，アステラス製薬），第一製薬（現在，第一三共）など多数の工場が立地している．なお，医薬品等の製造拠点は，県内各地に立地しており，医薬品と医療機器合わせた製造品出荷額は約1兆円（2013年度）と全国1位であるが，背景には静岡薬科大学（現在，県立大学）の存在があり，研究者を確保しやすい理由が挙げられる［竹内 1996：185］．

また，2002年から，県立大学の薬学，食品分野の研究機能と中部に集積する食品産業が協力して産学官連携による「フーズ・サイエンスヒルズプロジェクト」により機能性食品などの新商品開発が行われている．

3）西部地域

浜松市を中心とする西部地域は，静岡県の製造業の主要な集積地として発展してきた．

浜松市では，明治期には綿織物とその織機の製造，また地元産木材の製材から木工機械や楽器製造などに展開し，戦中の軍需工業化を経て，戦後には，機械製造やオートバイなどの輸送用機械の製造というように，産業集積の中から多くの企業が市場ニーズに合わせ内発的に変遷を遂げてきた．

この地域では，江戸末期から明治にかけて，分業体制による個人経営の綿織物業が集積しており，こうした環境から鈴木式織機（現在，スズキの前身）が織機メーカーとして1909年に誕生している[10]．しかし，1950年代には製造業の主役であった綿織物業を中心とする繊維産業は，日米繊維交渉による輸出自主規制（72年）やその後の円高と発展途上国の追い上げにより急速に縮小した．

楽器では，明治中期に山葉寅楠が独力で外国製オルガンの修理から始め，1897年日本楽器製造（現在，ヤマハ）を設立．戦後，そこからスピンオフした河合楽器とも競合しながら音楽の授業での採用や子どもの音楽教室により需要を創出し，ハーモニカやリコーダー，ピアノなどの全国的な生産地となった．

1960年代後半以降，低付加価値製品は海外移転し，楽器の生産額のウエイトは低下したが，グランドピアノや電子楽器，半導体の音源チップのような高付加価値製品の生産にシフトし，1996年には，こうした環境に電子楽器のローランドが大阪から浜松に工場ごと移転した．

輸送用機械は，1946年ホンダの創始者 本多宗一郎氏が，無線用小型エンジンを自転車に取り付けたのが浜松の自動二輪車のスタートである．1952年には鈴木式織機が，1954年には日本楽器製造が製造を開始した．前後して浜松地域

には30を超えるオートバイメーカーが林立し競い合った．こうした状況は名古屋市など中京地区でも同様であり，全国には180社を超えるメーカーがこの時期の前後に活動したといわれるが，大半が数年で淘汰され[11]，日本の二輪自動車の4大メーカーのうち，カワサキを除く，ホンダ，スズキ，ヤマハの3社が残り，この地で競い合う状態となった．

その後，ホンダは本社を東京に移転し，二輪から四輪自動車に主力を移し，生産拠点を県外に移したが，スズキは1973年に軽自動車でシェア1位となるなど，四輪自動車へシフトし，79年にアルトのヒットで発展の軌道に乗った．この結果，四輪車の出荷額は1985年に逆転し，2003年には1兆4000億のうち，四輪が9000億円を占めるまでになった．

しかし，二輪車も現地生産が義務付けられるなど，早くから海外への生産移転が進んでおり，スズキは四輪車でも，アジア，東欧などで現地生産を進め，現在では海外生産比率は二輪で91％，四輪で65％である［スズキ株式会社 2015：3］．

浜松地域では，本社のある上場企業数のうち製造業が21社中19社（2004年1月現在）と同規模の政令市を大きく上回り，研究開発部門やその関連企業などのマザー工場としての機能を持っている．こうした研究・開発部門など本社機能を持った製造業の大企業がクラスターの静岡大学等の研究機関や経営者の人的ネットワークを通じて，相互に連携・競争を行う中で，内発的な産業の転換を遂げてきたと言えよう［浜松信用金庫・信金中央金庫総合研究所 2004］．

1983年の「テクノポリス法」の制定に伴い，浜松市はその指定地域となり，郊外に大規模工業団地の整備が進み，企業の移転，規模拡大が図られた．また2002年には文部科学省の知的クラスター創生事業の指定を受け，オプトロニクス（光電子）クラスター（県では「フォトンバレー」と位置付け）としての取り組みが行われ，その後も中心となる浜松ホトニクスと静岡大学，浜松医科大学や愛知県東三河地区の産学も連携することにより，光電子・イメージングの技術と医療の結合した新たな医療機器などの分野で新製品開発が行われている．

2000年代に入ると，西部地域の企業は円高の進行に対応すべく中国やタイな

どへの企業移転を積極的に進め，リーマンショックや東日本大震災後の国内での工場移転なども加わり，製造業の企業数や就業者の減少が大きくなっている．

浜松市の周辺では，磐田市にはヤマハ発動機の本社，工場が所在し，掛川市には資生堂や浜松市から移転したヤマハの製造拠点が立地するなど袋井市も含めた中東遠地域では大規模工業団地の整備が進み，機械・金属，電気機械，薬品などの大手企業の工場が立地している．

以上みてきたように，静岡県の基盤産業は，1960年代に入って各地域に固有の人的，技術的集積を生かして，第1次産業から製造業へのシフトが進み，現在「ものづくり県」と言われる経済構造に変化してきた．

製造業の発展の形態を地域的な視点から見ると，大きく分けて地域固有のさまざまな歴史的背景からイノベーションを繰り返しながら発展してきた，マイケル＝ポーターのいう「ダイヤモンド」を形成する「クラスター」[12]のタイプがあり，特に西部地域の製造業はこの例に当てはまるものと考えられる［Porter 1990：邦訳 106-109］．

もう一つのタイプは，全総計画や工業整備特別地域のように，国が政策的に地域を指定して，道路，港湾などインフラを整備し，大企業等の製造拠点を誘致して発展したものがあると考えられる．高度成長期には，各地で高速道路の整備などに合わせて工業団地が整備され，競って企業の工場を誘致した．しかし，こうしたタイプは，発展途上国のキャッチアップや円高等による海外移転，また，国内でも企業の事業体制の再編により，企業の一方的な判断により事業所が移転してしまう可能性があり，地域経済に与える影響は時代や情況によりプラス・マイナス双方が考えられる．

注
1) 静岡県のメロンは，アールスフェボリット系を中心に栽培されている．
2) 特化係数については，第3章47, 48頁を参照．
3) 経済学的には，域内総生産（Gross Regional Product）にあたるが，本節では内閣府の県民経済計算で使用されている「県民総生産」を使用している．
4) 1960～1990年の間に，生産額の全国シェアは，埼玉県2.0→3.9％，千葉県1.7％→3.5％

5) 前述のように，清水港，焼津港の他にも沼津港や伊豆の各地域には沿岸漁業の基地として，多くの漁港があり，昭和35年の漁獲量は全国で4.4％のシェアを有していた．
6) その後は2005年に国土総合開発法は国土形成計画法へ抜本改正され，全国総合開発計画に代わり，新たに国土形成計画が策定されることとなった．
7) 出所，工業統計（従業員4人以上の企業）．なお，報告では「工業出荷額等」の用語を使用している．
8) それ以前の東海道線は，現在の御殿場線が本線であった．
9) 熱海市の宿泊客数は，1974年の約500万人から，2011年には246万人と半減した［熱海市観光経済課 2015：5］．
10) これに先行して豊田式木製人力織機を開発し，1906年に豊田式織機株式会社（現トヨタ自動車の基礎となった）を設立した豊田佐吉は，浜松市に隣接する湖西市の出身である．
11) 名古屋地区のメーカーに打撃を与えたのは，1959年にこの地を襲った伊勢湾台風であり，多くの工場が水没し，中小企業の多いメーカーは再起ができなかった．
12) 国や地域の競争の優位性を決定する要因として，① 熟練労働やインフラなどの要素条件，② 製品・サービスに対する需要条件，③ 供給産業や関連・支援産業，④ 企業の戦略，構造・ライバル間競争の4つからなる環境があげられる．

参考文献

熱海市観光経済課［2015］『平成26年版　熱海市の観光』（http://www.city.atami.shizuoka.jp/userfiles/495/file/H26kanko.pdf，2015年12月24日閲覧）．
静岡経済研究所［1993］「静岡県の経済と産業」静岡経済研究所．
――――［2013］『静岡県経済白書2013/2014』静岡経済研究所．
静岡県［2015］「ふじのくにづくりのグランドデザイン」（https://www.pref.shizuoka.jp/kikaku/ki-220/documents/kousou-fujinokuni-h2302_1.pdf，2015年12月24日閲覧）．
静岡県観光政策課［2015］『平成26年度　静岡県観光交流の動向』（https://www.pref.shizuoka.jp/bunka/bk-210/kankou/documents/h26doukou.pdf，2015年12月24日閲覧）．
静岡総合研究機構［2006］『地域における国際観光戦略モデルの構築に関する研究』静岡総合研究機構．
静岡地域学会編［1996］『静岡の地域産業　現在過去未来』共立出版．
スズキ株式会社［2015］『SUZUKI 会社案内2015』スズキ株式会社．
竹内宏『竹内宏の静岡産業風土記』［1996］静岡新聞社．
日本プラモデル工業協同組合［2008］『日本プラモデル50年史　1958-2008』文芸春秋．
浜松信用金庫・信金中央金庫総合研究所［2004］『産業クラスターと地域活性化』同友館．
山崎充・田中則仁・田中保幸・石野正治・杉山敏男・坂本光司・中村義彦・瀬川久志・小桜義明・水野隆徳［1989］『静岡県の産業経済――その現状と課題――』静岡新聞社．
Porter, M. E.［1990］*The Competitive Advantage of Nations,* New York: The Free Press（土岐坤・中辻萬治・小野寺武夫訳『国の競争優位』ダイヤモンド社，1992年）．

第2章
需要主導型モデル

　経済活動は，財の生産と消費に関わって継続的に行われている．財を提供しようとする経済活動を供給（supply），欲望に基づいて財を購入しようとする経済活動を需要（demand）と呼ぶ．1930年代の世界恐慌において大量失業を経験するまでは，供給はみずからの需要を作り出すという楽天的な考え方が支配的であった．しかし，現在では，供給の制約が生じるよりも前に需要制約が生じてしまうことへの理解が進み，こうした供給と需要の不一致が景気を左右するということが知られている．地域の経済成長においても需要の果たす役割は大きく，生産される財・サービスに対する域外の需要が地域に経済成長をもたらすと考えられる．

1　経済基盤モデル

　経済基盤モデル（economic base model）は経済の需要面に注目する[1]．地域経済は，そこで生産された財を他の地域へ販売し，収入を得ることで豊かになるからである[2]．移出（export）に注目すると，地域の産業は域外の需要を対象とする基盤産業（basic industry）と域内の市場を対象とする非基盤産業（nonbasic industry）とに区分される．基盤産業は移出産業（export industry），非基盤産業は域内産業（local industry）とも呼ばれる．製造業や観光産業を基盤産業とする地域経済が多い．基盤産業の活動を支えるさまざまなサービスが非基盤産業を構成する．

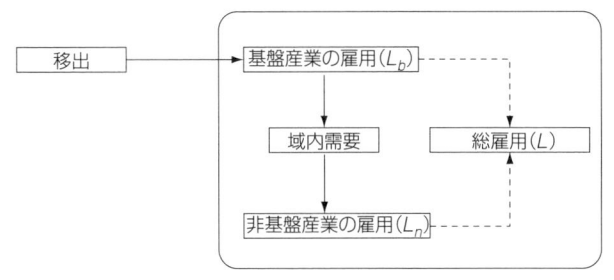

図2-1　経済基盤モデル

　経済基盤モデルは，一般に就業者数を使ってモデル化される（図2-1）．地域経済の雇用構造は以下の式によって定義される．

$$L = L_b + L_n \tag{2-1}$$

ここで，L は地域内の総就業者数，L_b は基盤産業の就業者数，L_n は非基盤産業の就業者数である．

　経済基盤モデルでは，基盤産業の産出と雇用は外部からの需要によって決定されるが，非基盤産業の産出と雇用は地域経済の全体としてのパフォーマンスによって決定されると仮定する．これは，

$$L_n = aL, \quad 0 < a < 1 \tag{2-2}$$

と表すことができる．(2-2) 式を (2-1) 式に代入することにより，

$$L = \frac{1}{1-a} L_b \tag{2-3}$$

が得られる．差分をとることにより，次の関係式を得る．

$$\Delta L = \frac{1}{1-a} \Delta L_b \tag{2-4}$$

　係数 $1/(1-a)$ は経済基盤乗数（base multiplier）と呼ばれるが，仮定より $1/(1-a) > 0$ となる[3]．基盤部門における雇用の変化は，経済基盤乗数を乗じた

表2-1　浜松市の基盤乗数 (単位：人)

年	1970	1980	1990	2000	2010
製造業の就業者数 (L_b)	129,102	129,869	140,052	132,175	107,515
非基盤産業の就業者数 (L_n)	208,700	227,798	254,891	289,922	292,058
総就業者数 (L)	337,802	357,667	394,943	422,097	399,573
総人口 (P)	631,284	698,982	751,509	786,306	800,866
基盤乗数	2.62	2.75	2.82	3.19	3.72
人口乗数	4.89	5.38	5.37	5.95	7.45

(出所) 総務省統計局『国勢調査報告』各年版より筆者作成.

分だけ地域の総雇用を変化させる.

さらに，P を地域内の総人口とし，人口と就業者との間に一定の扶養関係があると仮定しよう.

$$P = bL, \quad b > 1 \tag{2-5}$$

(2-4) 式, (2-5) 式より, 次の関係式を得る.

$$\Delta P = \frac{b}{1-a} \Delta L_b \tag{2-6}$$

基盤部門における雇用の変化は, $b/(1-a)$ を乗じた分だけ地域の総人口を変化させることになる. $b/(1-a)$ は人口乗数 (population multiplier) と呼ばれる.

残る問題は基盤産業をどのように特定するかだが, これには特化係数 (location quotient) 法等が用いられる. 製造業を基盤産業とする浜松市では, 基盤産業と他の産業, 人口が次の関係にある[4] (表2-1).

基盤産業における就業者数は1990年以降減少に転じてはいるものの, 乗数は増大を続けており, 地域経済の成長が基盤産業の盛衰に依存していることがわかる.

2 生産額から見た経済基盤モデル

市場経済では，生産額はすべて市場を通して評価されるから，その大きさは貨幣額で測られる．したがって，経済基盤モデルも貨幣額に換算して考えることができる（図2-2）．ある地域の総支出（E）は，域内支出（D）と基盤部門による移出（X）の和である．

$$E = D + X \tag{2-7}$$

均衡では，地域全体の供給を表す総所得（総生産：Y）が，地域全体での財への需要を表す総支出と等しくなければならない．

$$Y = E \tag{2-8}$$

経済基盤モデルでは，基盤部門の産出は外部からの需要によって決定されるが，非基盤部門の産出は地域経済の全体としてのパフォーマンスによって決定されると仮定する．これは，

$$D = a + bY, \quad 0 < b < 1 \tag{2-9}$$

と書くことができる．(2-9) 式を (2-8) 式に代入することにより，

$$Y = (a + bY) + X \tag{2-10}$$

を得，これより

$$Y = \frac{1}{1-b}(a + X) \tag{2-11}$$

が得られる．差分をとることにより，次の関係式を得る．

$$\Delta Y = \frac{1}{1-b} \Delta X \tag{2-12}$$

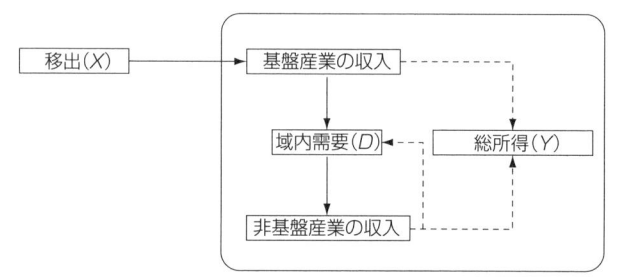

図2-2 生産額から見た経済基盤モデル

係数 $1/(1-b)$ の項が経済基盤乗数と呼ばれる地域乗数であるが，仮定より $1/(1-b)>1$ となる．基盤部門における生産の変化は，経済基盤乗数を乗じた分だけ地域の総生産を変化させる．

3 地域マクロ経済モデル

生産額からみた経済基盤モデルは，ケインズ学派（Keynesian）のマクロ経済モデルと共通点が多い[5]．マクロ経済学の視点からは，経済活動は家計，企業，政府の3つの経済主体によって行われている．財やサービスの市場をまとめて，地域全体の需給構造を捉えるときには，次のような集計量のつながりが重視される（図2-3）．

地域経済は，その地域の資本設備と労働力というストック[6]を結合して，莫大な生産物（財とサービス）を作り出す（生産）．その価値は家計に分配され，生活のために使われたり（消費），資本設備の保全や増加のために使われたりする（投資）．そして，この生産され，分配され，消費され，あるいは投資される地域経済の生産物のフローを地域所得（regional income）という．市場で取引された財・サービスの生産が集計された額が，域内総生産（GRP: gross regional product）である．

地域経済における総支出を E と表示することにする．E は，地域の個人消

図2-3 経済循環

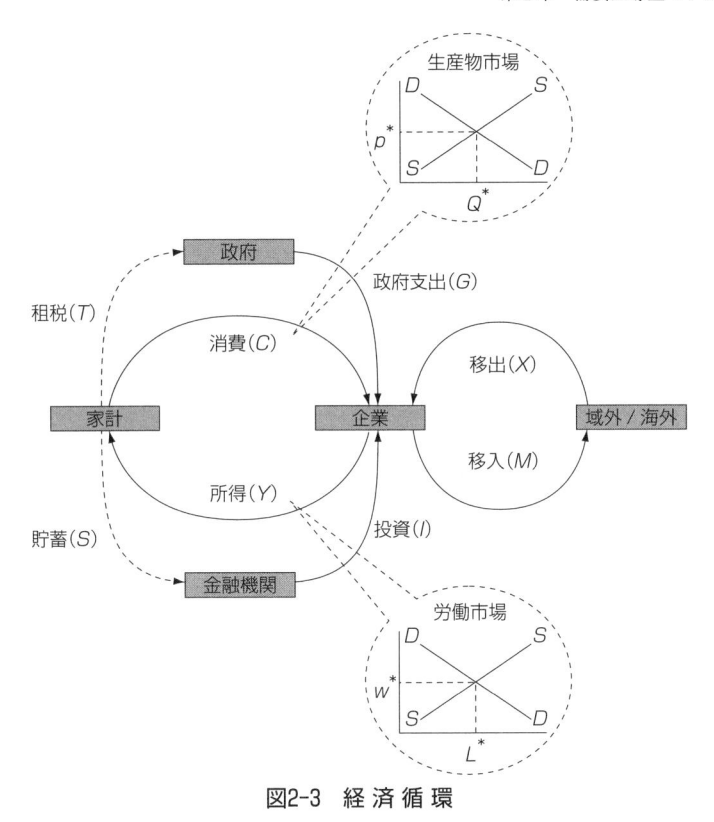

費 (C),地域の総資本形成 (I),地域の政府支出 (G),および移出 (X) と移入 (M) の差である地域の純移出 ($NX=X-M$) の諸項目から形成される.すなわち,

$$E=C+I+G+NX \qquad (2\text{-}13)$$

である.このうち,個人消費は総所得 (Y),厳密には可処分所得 (disposal income) に依存する.可処分所得は総所得から地域の租税 (T) を差し引いたものである.この関係は,消費関数と呼ばれる.

図2-4 均衡所得の決定

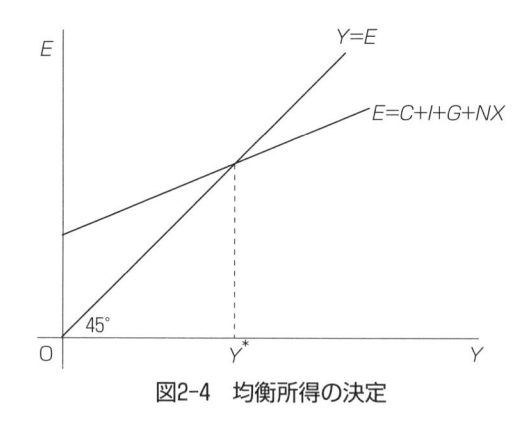

$$C = C_0 + cY \tag{2-14}$$

C_0 は基礎消費と呼ばれ，$C_0 > 0$ である．c は所得の増加分（ΔC）と消費の増加分（ΔY）との比率（$\Delta C/\Delta Y$）を表し，限界消費性向 (marginal propensity to consume) と呼ばれる．所得が増加するにつれて，所得増加に対する消費増加の割合（比率）は通常小さくなるから，$0 < c < 1$ である．

均衡では，地域全体の供給を表す総所得（総生産）が，地域全体での財への需要を表す総支出と等しくなければならない．

$$Y = E \tag{2-15}$$

(2-13) 式と (2-14) 式を (2-15) 式に代入すると，以下の式が得られる．

$$Y = C_0 + cY + I + G + NX \tag{2-16}$$

この式を整理すると，

$$(1-c)Y = C_0 + I + G + NX \tag{2-17}$$

となるが，さらに整理して Y に関して得られる解が，求める均衡所得となる．

$$Y^* = \frac{1}{1-c}(C_0 + I + G + NX) \qquad (2\text{-}18)$$

4 移出主導型モデルにおける乗数効果

　一般に，地域経済における移出額の割合は，一国経済全体における輸出額の割合よりも大きいから，その依存度も大きなものとなる．この点に着目したケインズ学派の地域マクロ経済モデルを，移出主導型モデル（export-led model）と呼ぶことができる．地域マクロ経済モデルにおいて，移出の変化が地域所得にどのように影響するかを考えよう．移出の増加分を ΔX とすると，(2-13) 式は次のように書き改められる．

$$E = C + I + G + NX + \Delta X \qquad (2\text{-}19)$$

(2-14) 式，(2-15) 式，(2-19) 式から新しい均衡所得を得る．

$$Y^{**} = \frac{1}{1-c}(C_0 + I + G + NX + \Delta X) \qquad (2\text{-}20)$$

　総需要が増加したため，均衡所得も増加する．ただしその増加額は移出の増加額 ΔX ではない．(2-20) 式から (2-19) 式を差し引くことで，均衡所得の増加分を知ることができる．

$$\Delta Y = Y^{**} - Y^* = \frac{1}{1-c}\Delta X \qquad (2\text{-}21)$$

$0 < c < 1$ であることから，所得の増加分は移出の増加分よりも大きくなる（図2-5）．

　移出の増加分は，誰かの所得となる．例えば，自動車の移出ならば，それを生産した自動車会社の所得となるのである．それを受け取った人は，通常，獲得した所得のすべてを消費しようとはしない．一部を消費し，残りを貯蓄する．消費された分はほかの誰かの所得となり，その一部は消費される．このような

図2-5 乗数効果

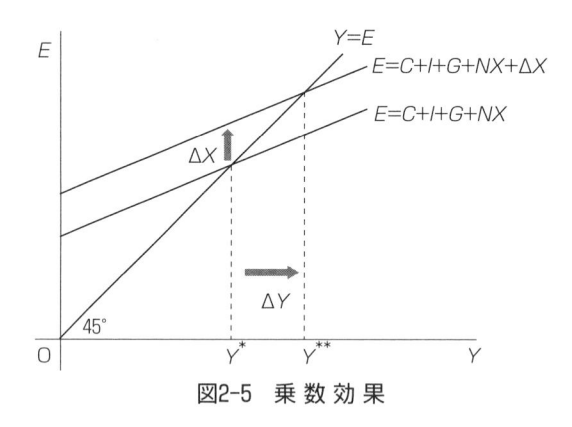

プロセスが繰り返されてゆく結果，初めの移出の増分以上の需要増加がもたらされるのである．

人々が所得のうちのどれほどの部分を消費にまわすかを限界消費性向で表せば，移出の波及効果を次のように表すことができる．

$$\Delta Y = \Delta X + c\Delta X + c^2\Delta X + \cdots + c^{n-1}\Delta X$$
$$= \{1 + c + c^2 + \cdots + c^{n-1}\}\Delta X \tag{2-22}$$

右辺は初項 ΔX，公比 c の等比数列となっている．(2-22) 式の両辺に c をかける．

$$c\Delta Y = \{c + c^2 + \cdots + c^{n-1} + c^n\}\Delta X \tag{2-23}$$

(2-22) 式から (2-23) 式を引く．

$$(1-c)\Delta Y = \{1 - c^n\}\Delta X \tag{2-24}$$

仮定より $c^n = 0$ となるから，

$$\Delta Y = \frac{1}{1-c}\Delta X \tag{2-25}$$

となる．この係数$1/1-c$を乗数と呼び，こうした波及効果を乗数効果と呼ぶ．

同様にして，政府による公共投資や民間企業の投資が乗数効果を持つことが知られている．

$$\Delta Y = \frac{1}{1-c}\Delta G \qquad (2\text{-}26)$$

$$\Delta Y = \frac{1}{1-c}\Delta I \qquad (2\text{-}27)$$

1950年代から1970年代にかけて，日本は年率10％強という高度経済成長を経験した．静岡県では1955年度から1973年度にかけて乗数効果は2.125であったが，2001年度から2012年度のその値は1.874である[7]．高度経済成長期には，東海道新幹線や東名高速道路の建設が行われたが，それらの波及効果は非常に大きかったのである．近年の乗数効果の低下の理由としては，静岡県の産業構造が製造業中心からサービス業中心へと変化することで波及の経路が短くなったことや，海外からの部品調達の拡大などを通じて輸入が増えやすい構造に変化したために乗数効果が海外に漏れ出してしまうことが考えられる．

5　県民経済計算

マクロ経済学は経済政策の立案に役立つ学問であるが，正しい政策を判断するには，一国の経済規模や経済成長率，経済動向についての正確な情報が必要である．政府は企業や家計について定期的にアンケート調査を行い，経済活動に関するいろいろな情報を集めている．それらの調査を要約するものとして統計が作成されるが，経済学で頻繁に使われる統計が国内総生産（GDP: gross domestic product）や県内総生産（GPP: gross prefectural product）[8]である．国内総生産には，国連統計委員会において採択された国民経済計算（SNA: system of national accounts）の体系に基づいて，一定期間内に市場で取引された財やサービスの生産額が集計されている．二重カウントを避けるため，中間財や中間

表2-2 国内総生産と県内総生産 (2009年)

(単位：10億円，%)

日　本		静岡県		国内シェア
消費支出	282,941.7	消費支出	6,919.5	2.4
投資支出	92,650.7	投資支出	4,125.2	4.5
政府支出	93,819.6	政府支出	1,995.4	2.1
純輸出	1,726.7	純移出	3,115.9	─
輸出	59,814.2	移出	16,039.7	─
輸入	58,087.5	移入	13,322.4	─
		不突合	398.7	─
国内総生産	471,138.7	県内総生産	16,156.1	3.4

(出所) 内閣府経済社会総合研究所『県民経済計算』より筆者作成．

サービスは含まれない．一定期間に家計，企業，政府，および外国が財・サービス市場から最終財・サービスを買い取ったときに支払った金額をそれぞれ消費支出，投資支出，政府支出，輸入という．

県民経済計算は，国民経済計算に準拠して作成されており，県民経済計算では県外との取引は財貨・サービスの移出入と呼ばれる．国内総生産に物価変動の影響を排除していない名目 GDP と排除した実質 GDP があるように，県内総生産にも名目 GPP と実質 GPP がある．

表2-2は，2009年の日本の国内総生産と静岡県の県内総生産の名目値を示している[9]．表2-2からわかるように，静岡県の総生産は全国の3％台の割合を占めているが，人口規模と関連の深い消費支出や政府支出の割合は低い．

6　県内総生産の要因分解

県内総生産の変動は，景気の状態，経済の成長率，経済規模を知る上で重視される．県内総生産の変動に対し，需要の各要因がどれだけ影響しているかを調べてみよう．時系列データの変動を分析する際には，寄与度を使うことができる．

表2-3　静岡県の成長会計

(単位：10億円, 2005歴年基準)

	年度	消費 C	資本形成 I	政府支出 G	純移出 X	県内総生産 Y
実数	1980	4,722,566	2,444,619	769,567	820,885	8,757,637
	1990	5,837,061	4,354,362	1,498,704	2,413,171	14,103,300
	2000	6,894,622	3,588,364	2,136,334	3,443,480	16,062,801
	2012	9,140,569	2,768,006	2,601,532	2,299,636	16,809,742
成長率	1980-90	0.0214	0.0594	0.0689	0.1139	0.0488
	1990-00	0.0168	−0.0192	0.0361	0.0362	0.0131
	2000-12	0.0286	−0.0256	0.0199	−0.0396	0.0046
構成比	1980	0.5393	0.2791	0.0879	0.0937	1.0000
	1990	0.4139	0.3087	0.1063	0.1711	1.0000
	2000	0.4292	0.2234	0.1330	0.2144	1.0000
	2010	0.5438	0.1647	0.1548	0.1368	1.0000
寄与度	1980-90	0.0115	0.0166	0.0061	0.0107	0.0488
	1990-00	0.0069	−0.0059	0.0038	0.0062	0.0131
	2000-12	0.0123	−0.0057	0.0026	−0.0085	0.0046

(出所) 内閣府経済社会総合研究所『県民経済計算』各年版より筆者作成.

$$\text{寄与度} = \frac{\text{当該構成項目の増減}}{\text{前期の全体値}} \quad (2\text{-}28)$$

(2-13) 式から，各需要項目の寄与度を計算することができる．

$$\begin{aligned} \frac{E_t - E_{t-1}}{E_{t-1}} &= \frac{C_t - C_{t-1}}{E_{t-1}} + \frac{I_t - I_{t-1}}{E_{t-1}} + \frac{G_t - G_{t-1}}{E_{t-1}} + \frac{NX_t - NX_{t-1}}{E_{t-1}} \\ &= \frac{C_t - C_{t-1}}{C_{t-1}} \cdot \frac{C_{t-1}}{E_{t-1}} + \frac{I_t - I_{t-1}}{I_{t-1}} \cdot \frac{I_{t-1}}{E_{t-1}} + \frac{G_t - G_{t-1}}{G_{t-1}} \cdot \frac{G_{t-1}}{E_{t-1}} \\ &\quad + \frac{NX_t - NX_{t-1}}{NX_{t-1}} \cdot \frac{NX_{t-1}}{E_{t-1}} \end{aligned} \quad (2\text{-}29)$$

表2-3は，(2-29) 式に基づいて，1980年度以降の静岡県の県内総生産を要因分解した結果である．

製造業を発展させることで高い経済成長率を実現させてきた静岡県では，県内総生産の成長率への寄与が大きいのは純移出と民間の資本形成であり，典型

的な移出主導型の経済であることが分かる．しかし，1990年代に入ると投資の成長が鈍り，さらに2000年代に入ると純移出の成長が鈍ってきたことが窺える．

7　地域マクロ経済モデルの拡張

　基本的な地域マクロ経済モデルで十分な分析ができるが，さらに地域経済特有の特徴に合わせる手法を検討してみよう．最初に検討すべき修正は消費関数である．家計は労働サービスを提供した代価として所得を得るが，そこから所得税や社会保険料を支払わなければならない．残った所得は，家計が自由に処分できる所得という意味から，可処分所得と呼ばれる．消費活動は厳密には可処分所得に依存する．可処分所得は総所得から租税（T）を差し引いたものであり，消費関数は次のようになる．

$$C = C_0 + c(Y - T) \tag{2-30}$$

　租税に関しては，比例的所得税を仮定する．

$$T = tY, \quad 0 < t < 1 \tag{2-31}$$

ここで，t は平均税率である．

　2番目の修正点は，政府支出である．国民所得モデルにおいて，政府支出は政治的な判断に依存しているために，所得とは独立している外生変数として取り扱われることが多い．しかし，地域経済モデルでは，政府支出は地域の所得水準との関連が強い．したがって，次式のような地域支出関数を考える．

$$G = G_0 + gY, \quad 0 < g < 1 \tag{2-32}$$

　3番目の修正は，移入関数である．移入の定義は，域外から購入されたものへの支出であり，国外からの購入に加えて国内他地域からの購入が含まれる．しかし，国民経済モデルにおける輸入と同様，移入は域内所得に依存すると考

えられる.したがって,次の式が仮定される.

$$M = M_0 + mY, \quad 0 < m < 1 \tag{2-33}$$

ここで,m は限界移入性向(marginal propensity to import)である.

(2-30)式から(2-33)式を(2-13)式に代入すると,以下の式が得られる.

$$Y = C_0 + c(1-t)Y + I + G_0 + gY + X - M_0 - mY \tag{2-34}$$

この式を整理すると,

$$\{1 - c(1-t) + m - g\}Y = C_0 + I + G_0 + X - M_0 \tag{2-35}$$

となる.拡張された地域経済モデルにおける移出の乗数効果は次のようになる.

$$\Delta Y = \frac{1}{1 - c(1-t) + m - g} \Delta X \tag{2-36}$$

ところで,一国内の他地域との財・サービスの移動は,国際間のそれと比べ開放性が高い.実際,域内所得に占める移入の割合は,国内所得に占める輸入の割合と比べるとはるかに高い.静岡県では域内総支出を上回ることさえしばしばある.その理由としては,家計による消費用途とは別に,移出用の財を生産するのに必要な中間生産物や原材料が移入されていることが考えられる.このため,次のような移入関数を考えても良いかもしれない[10].

$$M = M_0 + eC + fX, \quad 0 < e, f < 1 \tag{2-37}$$

この場合は

$$Y = C_0 + c(1-t)Y + I + G_0 + gY + X - M_0 - e(C_0 + c(1-t))Y - fX \tag{2-38}$$

より,

$$\{1-c(1-t)(1-e)-g\}Y = C_0(1-e)+I+G_0+fX-M_0 \quad (2\text{-}39)$$

となり，移出乗数は次のようになる．

$$\Delta Y = \frac{f}{1-c(1-t)(1-e)-g}\Delta X \quad (2\text{-}40)$$

最後に，移出の項目が残る．国民経済における経済成長の牽引力として，しばしば輸出の成長が注目されるが，それは輸出が真の自律的な需要項目であるからである．地域経済における移出も同じ役割を果たしているから，Thirlwall［1980］の輸出関数を援用することができる．移出が相対価格と域外所得の成長に依存するものと考えると，次のような関数を仮定することができるだろう．

$$X = aZ^{\varepsilon}\left(\frac{P_r}{P_f}\right)^{\eta} \quad (2\text{-}41)$$

ここで Z は域外の所得，η は移出需要の価格弾力性，P_r は域内価格，P_f は域外の価格，ε は所得弾力性である．

8 需要変動と生産要素の移動

需要主導型モデルでは，移出の増加によって生産要素（資本，労働）への需要が喚起される．労働を例にそのプロセスを確認しよう．いま，地域 r と地域 f の2つの地域があり，それぞれに企業が立地して，規模に関して収穫一定の生産の下で完全競争市場の条件が満たされているとしよう．地域間の移動が自由であって，移動費用は無視できるものと仮定する．各地域の実質賃金率は，地域労働市場の需要関数と供給関数の交点によって決定される．初期状態として，両方の地域で w_0 の実質賃金で均衡しているものとする．

地域 r の移出が拡大したとしよう．移出が拡大すると，労働の需要曲線が $D_{r0}D_{r0}$ から $D_{r1}D_{r1}$ へと右方向に移動（シフト）し，当初の賃金 w_0 より高い w_1

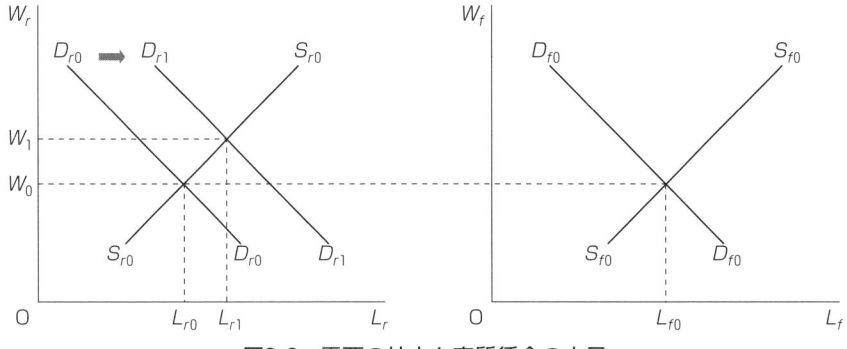

図2-6　需要の拡大と実質賃金の上昇

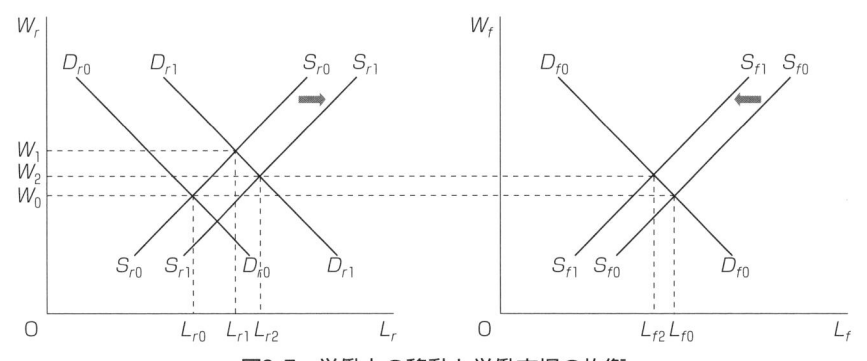

図2-7　労働力の移動と労働市場の均衡

の賃金を提示できるようになる．地域間に賃金格差が生じることになり，地域 f から地域 r へと労働力が移動するであろう．

　労働力の地域間移動により，地域 f では労働の供給曲線は $S_{f0}S_{f0}$ から左方向に移動し，地域 r では労働の供給曲線は $S_{r0}S_{r0}$ から右方向に移動する．このような移動は，地域間の賃金格差が消滅するまで続けられる．そして，地域 f の供給曲線が $S_{f1}S_{f1}$，地域 r の供給曲線が $S_{r1}S_{r1}$ のところにくると，両地域の間で労働市場は均衡する．

　生産要素の移動が自由であり，移動費用が無視できるならば，生産要素価格

の地域間格差は消滅する．国際間と比べると国内の地域間においては，移動は自由であり，移動費用も小さいから地域間格差は縮小する傾向にある．

注

1) 経済基盤モデルのアイデアは，Haig [1927] に遡ることができる．
2) 財を他の地域へ販売することで豊かになるという考え方は，16世紀前半から18世紀前半にかけて西ヨーロッパにみられた重商主義 (mercantilism) に遡ることができる．愛国心や郷土愛に支えられた考え方だが，移出を増やすことは良いが移入が増えることは良くないというという短絡的な結論に陥りやすいことには注意が必要である．
3) 経済体系の中である経済変数が独立的に変化したとき，それにともなって他の変数がどれくらい増加するかを表す比率のことを乗数と呼ぶ．
4) 浜松市は市町村合併を経て，2007年に静岡県内では2番目の政令指定都市となった．2000年以前のデータは現在の行政区に合わせてある．
5) 企業（生産者）や家計（家計）の市場における活動を分析対象とする経済学をミクロ経済学 (micro economics) と呼ぶのに対し，個別の経済活動を集計した国民経済の全体を分析対象とする経済学をマクロ経済学 (macro economics) と呼ぶ．マクロ経済学は，1936年のJ. M.ケインズの著書『雇用・利子および貨幣の一般理論』に始まる．需要と供給が価格や賃金をどのように決定するかを経済行為の指標とするためにミクロ的分析は価格分析と呼ばれることがある．これに対して，国民所得がどのように決定されるかを研究することからマクロ的分析は所得分析と呼ばれることがある．
6) ストック (stock) とはある一時点において貯蔵されている量をいい，フロー (flow) とは一定期間内に流れた量をいう．経済学ではフローとストックを区別する．
7) この数値は，回帰分析によって (2-14) 式を推計した結果に基づいている．
8) Gross prefectural domestic product (GPDP) や prefectural GDP とも英訳される．
9) 2010年以降の県民経済計算では，移出と移入の内訳が公開されなくなった．
10) 静岡県のデータでは，$m > c$ となることもあり，(2-36) 式より (2-40) 式の当てはまりが良い．ただし，この点は今後も研究が必要である．

参考文献

山下隆之 [2009]「地域所得決定のメカニズム」『SRI』(静岡総合研究機構), 97.
Armstrong, M. and J. Taylor [2000] *Regional Economics and Policy*, 3rd ed., Oxford: Wiley-Blackwell（佐々木公明監訳『地域経済学と地域政策 改訂版』流通経済大学出版会，2005年）．
Blair, J. P. and M. C. Carroll [2009] *Local Economic Development: Analysis, Practices, and Globalization*, 2nd ed., Los Angeles: SAGE Publications.
Capello, R. [2007] *Regional Economics*, London: Routledge.
Haig, R. M. [1927] "Major economic factors in the metropolitan growth and arrangement;

a study of trends and tendencies in the economic activities within the region of New York and its environs," *Regional Survey of New York City and Its Environs*, 1.

Keynes, J. M. [1936] *The General Theory of Employment, Interest and Money,* London: Palgrave Macmillan（間宮陽介訳『雇用，利子および貨幣の一般理論 上下巻』岩波書店，2008年）.

McCann, P. [2001] *Urban and Regional Economics,* Oxford: Oxford University Press（黒田達郎・德永澄憲・中村良平訳『都市・地域の経済学』日本評論社，2001年）.

——— [2013] *Modern Urban and Regional Economics,* 2nd ed., Oxford: Oxford University Press.

Thirlwall, A. P. [1980] "Regional problems are 'Balance-of-Payment' Problems," *Regional Studies,* 14(5).

第3章
基盤産業の把握

　地域経済の分析にとって地域の基盤産業（basic industry）の把握は，最も重要な検討課題の一つである．ここで基盤産業とは，通常，移出産業を指すことが多いが，地域の主要産業という意味で理解することもできる．そこで本章では，地域の主要産業としての基盤産業を把握する方法を中心に取り上げる．具体的には，就業者数から見た地域の基盤産業を特化係数（location quotient）によって把握する方法を検討する．また特化係数を拡張した修正特化係数と呼ばれる係数を用いれば，本来の意味である移出産業としての基盤産業を把握することが可能となるため，この係数による基盤産業の把握についても取り上げる．

　基盤産業の析出には，第8章で取り上げるような産業連関分析による精緻な方法論がある．それにもかかわらず本章で特化係数によるアプローチを取り上げるのは，第1に計算が容易で理解し易いこと，第2に地域の産業連関表は都道府県単位のデータしか利用できないが，特化係数による場合は市町村単位のデータを利用することが可能であること，この2つの理由による．しかしながらこのような分析方法には，特化係数が2つの構成比（地域と全国の構成比）を比較する統計量であるために，「基盤産業」の量的大きさが反映されないという問題点も存在する．そこで本章では，特化係数の基本的な利用方法を解説した後，このような問題点を改善するための新しいアプローチを提案する．具体的には，各市町村における「特化係数」と「産業別就業者の構成比」を標準化し，これらの2変数を合成した指標によって地域の基盤産業を把握するアプローチで，それにより前述の問題をある程度解決することができることを示す．

1 特化係数の方法と例証
―― 地域の主要産業としての基盤産業 ――

(1) 特化係数とは何か

　一般に特化係数とは，個別（地域）の構成比を合計（全地域）の構成比と比較し，合計に対する個別の大小関係によって，個別の特化度を測定する静的比率の一つである．第1章では，主に生産額の特化係数が示されているが，ここでは，本章のテーマとの関連で就業者数（2010年国勢調査）のデータを使って具体的な特化係数の計算方法と計算結果の意味を解説しておこう．

　いま，i 産業（$i=1, 2, \cdots n$），j 県（$j=1, 2, \cdots k$）について，j 県で i 産業に従事する就業者数を f_{ij} とすると，j 県の就業者総数における i 産業就業者数の構成比 r_{ij} は，

$$r_{ij} = \frac{f_{ij}}{\sum_{i=1}^{n} f_{ij}} \tag{3-1}$$

と定義できる．ただし，(3-1) 式の分母は j 県の就業者総数である．一方，全国の就業者総数における i 産業就業者数の構成比 R_i は

$$R_i = \frac{\sum_{j=1}^{k} f_{ij}}{\sum_{i=1}^{n} \sum_{j=1}^{k} f_{ij}} \tag{3-2}$$

と定義できる．なお，(3-2) 式の分子は i 産業に従事する全国の就業者数を，分母は全産業に従事する全国の就業者総数を表している．このとき，就業者数からみた j 県の i 産業における特化係数 LQ_{ij} は以下のように示される．

$$LQ_{ij} = \frac{r_{ij}}{R_i} \tag{3-3}$$

表3-1　全国と静岡県の産業別就業者数及び構成比（2010年）

区分	就業者数（千人）				構成比（％）			
	合計	第1次産業	第2次産業	第3次産業	合計	第1次産業	第2次産業	第3次産業
全国	59,611	2,381	14,123	43,107	100	4.0	23.7	72.3
静岡県	1,897	77	623	1,197	100	4.1	32.8	63.1

(出所) 総務省統計局『国勢調査報告』より筆者作成.

(3-3)式からも明らかなように，特化係数は2つの構成比の比になるので，計算結果の評価は1を基準としてなされなければならない．1を超えた場合，j県のi産業における構成比は全国のi産業における構成比に比べて大きいためi産業に特化しているとみなされ，1を下回った場合は逆に特化していないとみなされる．

$LQ_{ij}>1$：全国に比べて，i産業の構成比が高い（特化している）
$LQ_{ij}<1$：全国に比べて，i産業の構成比が低い（特化していない）
$LQ_{ij}=1$：全国とi産業の構成比が同じである

具体的に静岡県のデータで確認してみよう．表3-1は，全国と静岡県の産業別就業者数を示している．しかし，全国と地域との比較という点では，どのような特徴があるのか，一見すると分かりにくい．そこで，特化係数を利用すると，全国の構成比と比較した場合の地域の構成比がどの程度特別なものであるかについて，一目で分かるようになる．

例えば，第2次産業について静岡県の特化係数を計算してみると，

$$第2次産業の特化係数 = \frac{623}{1{,}897} \Big/ \frac{14{,}123}{59{,}611} = 1.39$$

となる．特化係数が1を超えていることから，静岡県の第2次産業は特化度が高いといえる．

(2) 産業別就業者数を用いた静岡県の特化係数の推移

第1章でみたように，国民経済のレベルでは，第1次産業から第2次産業へ，さらに第2次産業から第3次産業へのシフトがみられるが，そのトレンドを前提として地域経済において第3次産業が主要産業とみなすことはできない．このため，どの産業がその地域の重要であるかは厳密にデータから知る必要がある．

長い期間における産業構造の変化を見るには，1920年から続いている悉皆調査である国勢調査を活用することが有用である．国勢調査では産業別就業者数を公表しており，今回は静岡県を例に，終戦直後の1950年から60年間のデータを基に，特化係数によって産業構造の変化を図3-1に示した．

[第1次産業]

第1次産業は，終戦直後の1950年には特化係数で1.0を上回っていた．その後，第1次産業全体の就業者数の93％を占める農業の就業者数が低下したことから，1955年以降特化係数が1.0を下回った（**図3-2参照**）．

1975年以降，農業の特化係数が上昇に転じたことから，第1次産業全体の特

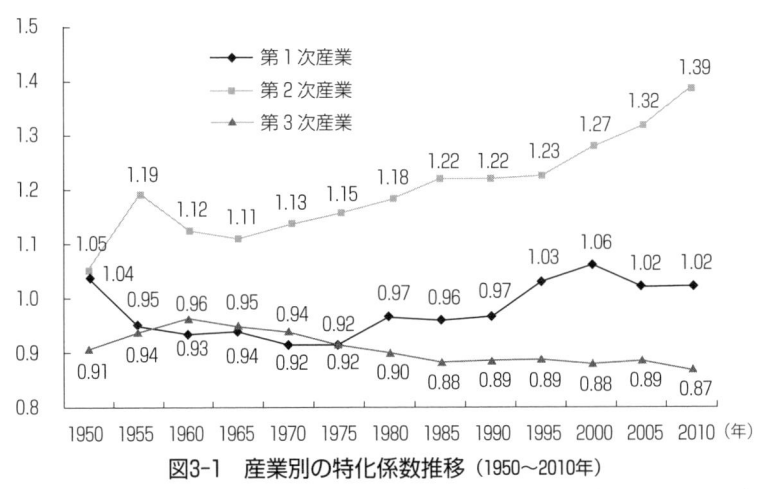

図3-1 産業別の特化係数推移（1950〜2010年）

（出所）総務省統計局『国勢調査報告』各年版より筆者作成（以下，図3-2〜3-6，表3-2〜3-11まで同じ）．

化係数も上昇している．1995年には1.0を上回り，就業者数の面では，全国に比べて第1次産業の盛んな県であると言える．なお，林業は1965年をピークに低下傾向にある．また，漁業も低下傾向にあったが，最近20年間は横ばいとなっている．

一方，**図3-5，3-6**の就業者数構成比を見ると，全国・静岡県とも1950年以降一貫して低下しており，2010年ではわずか4.2％に過ぎない．

[第2次産業]

第2次産業は，終戦直後から特化係数で1.0を上回っており，その後も上昇している．これは，最も就業者数の多い製造業の特化係数とほぼ同様の推移である．なお，1955年の一時的な上昇は，建設業の特化係数が急増したためである．新幹線や東名高速道路建設などの大型公共工事が静岡県で実施されていた時期と重なっている（**図3-3**参照）．

鉱業の特化係数は，終戦直後には0.21と極めて低位であったが，その後一貫して上昇している．ただし，第2次産業全体に占める就業者割合は0.1％に過ぎないため，全体の特化係数にはほとんど影響を与えていない．

図3-5，3-6の就業者数構成比を見ると，全国は1975年以降横ばいに転じているが，静岡県は1990年まで増加しており，製造業が盛んな県であることを証明している．

[第3次産業]

第3次産業は終戦直後から現在まで特化係数で1.0を上回ったことがなく，全国との比較では第3次産業の盛んな県であるとはいえない．ただし，就業者数（指数）は右肩上がりとなっており，全国より増加率が高い．

宿泊業の含まれるサービス業の特化係数は，1960年代には1.0を超えていたが，その後，低下している．また，運輸・通信業や卸売・小売業，飲食店は1.0に近いものの横ばい，金融・保険業や不動産業，公務は0.8を下回っており，

第 3 章　基盤産業の把握　51

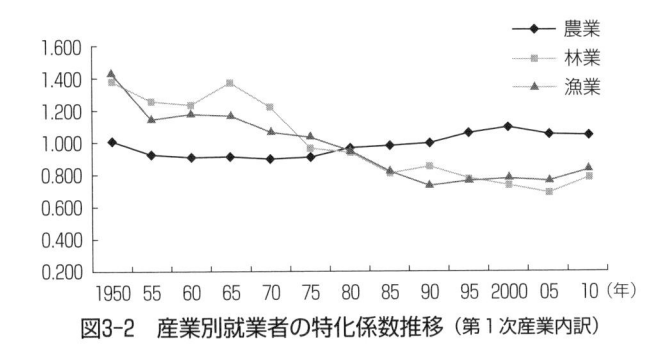

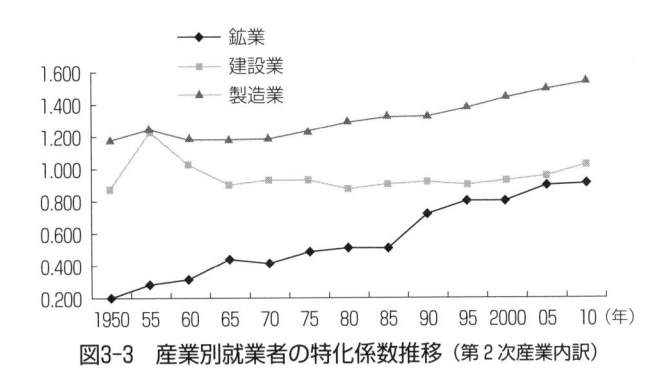

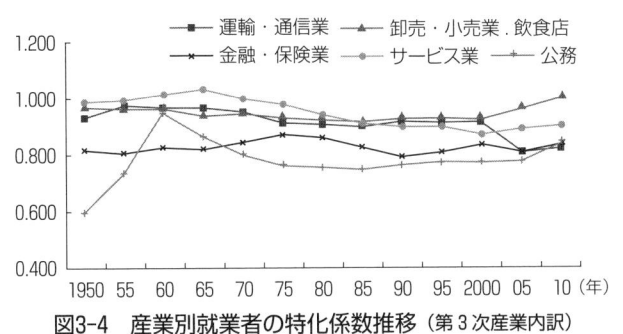

図3-2　産業別就業者の特化係数推移（第1次産業内訳）

図3-3　産業別就業者の特化係数推移（第2次産業内訳）

図3-4　産業別就業者の特化係数推移（第3次産業内訳）

（注）電気・ガス・熱供給・水道業及び不動産業は省略．

図3-5　産業別就業者数の構成比推移（全国）

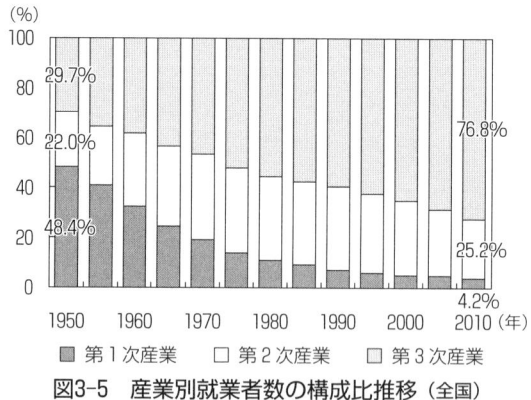

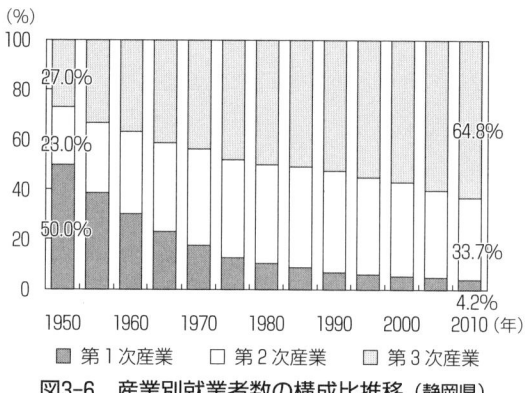

図3-6　産業別就業者数の構成比推移（静岡県）

低位となっている（図3-4参照）．

(3) 静岡県内各市町における基盤産業の把握と特化係数の問題点

次に，静岡県の各市町における労働力から見た基盤産業を析出するために，静岡県内35市町（2010年時点）における基盤産業の結果を再検討しておこう．なおこの分析で用いられたデータは，『平成22年国勢調査報告』に基づく静岡県と全国の産業別就業者数（従業地ベース）である．

表3-2　産業別就業者の特化係数による基盤産業

市　町	特化係数による基盤産業	
	1位	2位
静岡県	製造業	宿泊業，飲食サービス業
静岡市	金融業，保険業	建設業
浜松市	製造業	農業，林業
沼津市	漁業	電気・ガス・熱供給・水道業
熱海市	宿泊業，飲食サービス業	不動産業，物品賃貸業
三島市	宿泊業，飲食サービス業	教育，学習支援業
富士宮市	製造業	鉱業，採石業，砂利採取業
伊東市	宿泊業，飲食サービス業	漁業
島田市	鉱業，採石業，砂利採取業	農業，林業
富士市	製造業	運輸業，郵便業
磐田市	製造業	鉱業，採石業，砂利採取業
焼津市	漁業	製造業
掛川市	製造業	農業，林業
藤枝市	製造業	農業，林業
御殿場市	公務	製造業
袋井市	製造業	運輸業，郵便業
下田市	漁業	宿泊業，飲食サービス業
裾野市	学術研究，専門・技術サービス業	製造業
湖西市	製造業	漁業
伊豆市	宿泊業，飲食サービス業	鉱業，採石業，砂利採取業
御前崎市	電気・ガス・熱供給・水道業	漁業
菊川市	農業，林業	製造業
伊豆の国市	電気・ガス・熱供給・水道業	鉱業，採石業，砂利採取業
牧之原市	農業，林業	製造業
東伊豆町	宿泊業，飲食サービス業	漁業
河津町	農業，林業	宿泊業，飲食サービス業
南伊豆町	漁業	宿泊業，飲食サービス業
松崎町	複合サービス	宿泊業，飲食サービス業
西伊豆町	鉱業，採石業，砂利採取業	漁業
函南町	複合サービス	医療，福祉
清水町	製造業	卸売業，小売業
長泉町	金融業，保険業	製造業
小山町	公務	教育，学習支援業
吉田町	漁業	製造業
川根本町	鉱業，採石業，砂利採取業	電気・ガス・熱供給・水道業
森町	製造業	農業，林業

表3-3 焼津市における産業別就業者の構成比と特化係数

地　域		全　国	焼津市	
統計指標		構成比	構成比	特化係数
基盤産業	1位	卸売，小売業	製造業	漁業
	2位	製造業	卸売業，小売業	製造業
農業，林業		3.70%	2.67%	0.721
漁業		0.30%	1.10%	3.716
鉱業，採石業，砂利採取業		0.04%	0.04%	1.197
建設業		7.51%	7.47%	0.994
製造業		16.15%	30.68%	1.900
電気・ガス・熱供給・水道業		0.48%	0.32%	0.677
情報通信業		2.73%	0.61%	0.223
運輸業，郵便業		5.40%	7.33%	1.358
卸売業，小売業		16.45%	15.71%	0.955
金融業，保険業		2.54%	1.53%	0.603
不動産業，物品賃貸業		1.87%	1.00%	0.536
学術研究，専門・技術サービス業		3.19%	2.01%	0.631
宿泊業，飲食サービス業		5.74%	5.52%	0.961
生活関連サービス業，娯楽業		3.69%	3.26%	0.884
教育，学習支援業		4.42%	3.10%	0.702
医療，福祉		10.28%	8.33%	0.810
複合サービス事業		0.63%	0.67%	1.066
サービス業（他に分類されないもの）		5.71%	4.03%	0.705
公務（他に分類されるものを除く）		3.38%	2.33%	0.688
分類不能の産業		5.80%	2.29%	0.395

表3-2は，この特化係数を静岡県の各市町について計算し，数値の高い順に第2位までの産業を基盤産業としてまとめた結果が示されている．なお特化係数の分母に相当する全地域の構成比ついては，静岡県ではなく全国の産業別構成比を用いている．

この結果を見ると，多くの市町では，静岡県の代表的産業である製造業が基盤産業として析出されており，おおむね地域の主要産業と考えられるものが示されている．しかしながら部分的には問題点もいくつか見られる．例えば焼津市の場合，「漁業」が第1位となっているが，他の産業に比べて就業者が少なく生産額も小さい当該産業を基盤産業とみなすことは問題となろう．

このような結果が生じた要因は，特化係数という統計指標が，「構成比の比」であるという性質による．前述の焼津市の事例を取り上げると，**表3-3**で示されているように，「漁業」の就業者構成比は1.10％と低いにもかかわらず（全20産業中15位），特化係数は，3.716と他の産業に比べて高い（全20産業中1位）．このような数値が算出されるのは，全国における「漁業」の就業者構成比が，焼津市の同構成比を下回っていることに起因している（全20産業中19位）．つまりこれは，焼津市における就業者数の「量的大きさ」が特化係数には反映されていないことを意味しており，本章の課題である基盤産業の把握には，特化係数の情報に加えて「量的大きさ」の情報を含めた統計指標を作成する必要があるといえよう．そこで次節では，この点を改善した新たな統計指標を提案し，その計算結果と評価を試みる．

2　特化係数と構成比を用いた合成指標による分析

前節で述べたように，地域の基盤産業を的確に分析するには，特化係数の情報に「量的な大きさ」を反映する情報を加味した統計指標を利用する必要がある．このような統計指標についてはさまざまなアプローチが考えられるが，本章では「相対的な量の大きさ」を表す構成比と特化係数を合成させた指標（以下合成指標と呼ぶ）による分析を試みる．

指標の合成で最も単純な方法は相加平均をとることである．しかしながら構成比と特化係数は，そもそも「静的比率」という点では同じ性質を有しているものの，計算論理がまったく異なるため，単純に両者の相加平均で合成指標を作成することはできない．そこで本章では，データの単位や平均値が異なったときに利用される標準化（偏差値化）の方法を適用して，各地域各産業の特化係数と構成比の数値を標準化し，得られた標準化スコアの相加平均をとることによって合成指標を作成する．

今，個別のデータを x，系列の相加平均を μ，標準偏差を σ とすると，よく

表3-4 産業別就業者の合成指標による基盤産業

市　町	合成指標による基盤産業 1位	合成指標による基盤産業 2位
静岡県	製造業	卸売業，小売業
静岡市	卸売業，小売業	製造業
浜松市	製造業	卸売業，小売業
沼津市	製造業	卸売業，小売業
熱海市	宿泊業，飲食サービス業	卸売業，小売業
三島市	製造業	卸売業，小売業
富士宮市	製造業	卸売業，小売業
伊東市	宿泊業，飲食サービス業	卸売業，小売業
島田市	製造業	鉱業，採石業，砂利採取業
富士市	製造業	運輸業，郵便業
磐田市	製造業	農業，林業
焼津市	製造業	漁業
掛川市	製造業	農業，林業
藤枝市	製造業	卸売業，小売業
御殿場市	公務	製造業
袋井市	製造業	運輸業，郵便業
下田市	宿泊業，飲食サービス業	漁業
裾野市	製造業	学術研究，専門・技術サービス業
湖西市	製造業	漁業
伊豆市	宿泊業，飲食サービス業	医療，福祉
御前崎市	電気・ガス・熱供給・水道業	製造業
菊川市	製造業	農業，林業
伊豆の国市	製造業	宿泊業，飲食サービス業
牧之原市	製造業	農業，林業
東伊豆町	宿泊業，飲食サービス業	漁業
河津町	宿泊業，飲食サービス業	農業，林業
南伊豆町	漁業	宿泊業，飲食サービス業
松崎町	宿泊業，飲食サービス業	卸売業，小売業
西伊豆町	鉱業，採石業，砂利採取業	宿泊業，飲食サービス業
函南町	医療，福祉	卸売業，小売業
清水町	製造業	卸売業，小売業
長泉町	製造業	金融業，保険業
小山町	公務	製造業
吉田町	製造業	漁業
川根本町	農業，林業	鉱業，採石業，砂利採取業
森町	製造業	農業，林業

知られているように標準化スコア z は以下の定義式に基づき得られる．

$$z = \frac{x - \mu}{\sigma} \tag{3-4}$$

この x に各地域の産業別特化係数および産業別構成比をそれぞれ代入して計算すれば，各地域の産業別特化係数と産業別構成比における標準化スコアの系列が求められる．なお当然のことながら，産業数が同一であるため，構成比の標準化で用いられる各地域の構成比の相加平均はすべて一致する．このようにして求められた特化係数と構成比の標準化スコアを利用して相加平均をとり合成指標を作成した．それに基づき各地域の基盤産業として析出された結果を纏めたのが**表3-4**である．

前述の焼津市の事例についてこの表を見ると，先に指摘した「量的な大きさ」が合成指標に反映され，第1位に「製造業」が，第2位に「漁業」が基盤産業として把握されている．それ以外の地域においても構成比の情報が反映された結果を示しており，概ね合成指標の適合性が実証されていると評価できよう．

3　特化係数によるアプローチの拡張

(1)　生産力から見た基盤産業

ここまでは就業者構造の視点から産業基盤を把握する試みであった．しかしながら，産業基盤を経済の規模で見る場合，生産力の点からアプローチすることも必要である．そこで本節では，2010年の『国民経済計算』および『県民経済計算』における経済活動別生産額（名目）のデータに，前節で定義された合成指標の方法を適用して基盤産業の析出を試みる．

経済活動別の国内総生産額および県内総生産額を用いて合成指標を作成する場合，前提となるデータについて2つの問題が発生する．第1に，前節で利用した国勢調査の「産業分類（大分類）」と本節で利用する国民経済計算の「経済活動分類」では，産業の分類基準が異なることである．このため，前節で明ら

表3-5 産業分類の組み替え基準

産業分類 （国勢調査の分類）	経済活動別分類 （国民経済計算・県民経済計算の分類）
農業，林業	農業＋林業
漁業	水産業
鉱業，採石業，砂利採取業	鉱業
建設業	建設業
製造業	製造業
電気・ガス・熱供給・水道業	電気・ガス・水道業
情報通信業	情報通信業
運輸業，郵便業	運輸業
卸売業，小売業	卸売・小売業
金融業，保険業	金融・保険業
不動産業，物品賃貸業	不動産業
学術研究，専門・技術サービス業 宿泊業，飲食サービス業 生活関連サービス業，娯楽業 教育，学習支援業 医療，福祉 複合サービス事業 サービス業（他に分類されないもの）	サービス業＋非営利サービス
公務（他に分類されるものを除く）	政府サービス生産者
分類不能の産業	

かにした基盤産業と単純に比較することができない．第2に，電子媒体で入手可能な（オープンデータとして公開されている）経済活動別生産額は都道府県別の県内総生産額までで，各市町村別の経済活動別生産額は得ることができないということである．そこで本節では，これらの問題に対処するため以下のような手順でデータの調整を行った．

　まず，第1の問題については，「産業分類」を「経済活動別分類」に組み替えて，各地域の産業別就業者数および経済活動別生産額を同一基準に基づくデータに調整した．本章で採用した分類の組み替え基準は**表3-5**に示されてい

第3章 基盤産業の把握 59

表3-6 経済活動別県内総生産

(単位：100万円)

地　域	総　計	農林水産業	水産業	鉱業	製造業	建設業	電気・ガス・水道業	卸売・小売業	金融・保険業	不動産業	運輸業	情報通信業	サービス業	政府サービス生産者
静岡市	3,106,678	16,222	3,509	1,269	624,846	188,180	76,300	291,242	236,465	470,644	159,894	209,842	570,596	257,670
浜松市	3,201,557	27,863	4,603	1,465	1,001,280	170,926	50,527	272,940	161,050	435,104	155,880	115,451	575,698	228,770
沼津市	993,091	4,023	3,295	60	263,085	48,933	32,108	80,139	74,841	145,477	43,478	66,944	166,773	63,933
熱海市	182,396	394	463	15	4,870	8,147	3,715	12,071	4,478	66,361	7,952	3,182	55,879	14,870
三島市	415,456	2,135	0	0	101,174	25,119	10,598	30,009	21,356	64,886	19,865	30,512	83,139	26,662
富士宮市	456,013	3,624	388	393	222,987	26,523	2,894	33,264	16,093	27,871	15,235	4,610	77,533	24,596
伊東市	242,131	1,059	1,013	166	9,931	16,616	7,313	23,545	10,238	70,416	9,009	4,937	71,834	16,053
島田市	353,797	6,667	23	1,797	132,351	21,073	10,207	27,585	17,280	31,189	14,346	4,937	61,508	24,833
富士市	1,044,443	4,480	243	196	429,568	55,538	24,873	77,331	43,496	102,711	73,272	19,374	160,831	52,528
磐田市	755,000	6,895	1,118	664	412,821	27,050	8,174	42,123	23,863	46,084	30,911	13,688	100,615	40,994
焼津市	542,201	3,148	4,308	453	220,106	27,955	8,526	42,383	19,768	49,844	37,609	9,594	84,702	33,807
掛川市	506,097	7,999	52	347	243,446	24,553	11,850	31,488	18,141	37,236	25,278	7,511	74,245	23,951
藤枝市	465,549	5,071	58	15	155,095	28,921	8,956	43,879	24,533	50,213	22,298	4,844	86,936	34,732
御殿場市	408,484	2,019	12	121	115,178	14,008	4,458	27,853	11,252	26,351	17,888	2,925	74,978	101,441
袋井市	341,621	3,743	46	60	158,051	14,763	2,229	24,289	10,850	26,987	31,451	1,942	51,285	15,924
下田市	93,644	548	1,615	0	4,625	6,205	4,106	10,091	4,727	14,747	3,680	1,802	27,102	14,396
裾野市	266,616	968	64	0	142,122	9,168	1,134	10,719	5,932	16,516	13,023	4,844	52,120	10,006
湖西市	349,333	2,203	1,725	0	244,987	6,843	1,799	12,499	5,014	14,304	11,236	2,410	33,529	12,782
伊豆市	96,575	1,984	249	242	15,439	7,204	1,251	7,987	3,655	7,742	3,908	1,264	36,612	9,038
御前崎市	154,622	2,891	1,587	498	44,457	11,966	31,091	7,883	3,043	9,217	5,405	1,123	23,884	11,577
菊川市	174,297	5,196	0	60	91,647	5,855	1,095	10,343	4,306	9,880	6,591	866	26,687	11,771
伊豆の国市	167,540	2,331	12	242	43,330	10,179	8,134	12,059	5,473	17,033	3,733	8,775	44,751	11,491
牧之原市	232,034	6,317	1,054	211	128,374	10,190	587	14,370	6,774	12,240	10,932	959	29,094	10,932
東伊豆町	45,390	877	567	0	1,563	3,335	665	3,256	1,493	9,512	1,437	445	18,152	4,089
河津町	19,620	852	174	0	1,563	1,809	78	2,508	670	1,843	813	23	7,005	2,281
南伊豆町	22,973	698	620	0	1,563	2,237	548	2,144	555	1,696	335	117	9,729	2,733
松崎町	20,000	383	116	15	1,808	1,676	117	2,488	1,646	1,475	661	304	6,320	2,991
西伊豆町	28,964	227	672	574	6,465	1,815	274	2,484	459	1,253	1,551	70	9,720	3,400
函南町	81,847	1,174	41	30	15,237	7,620	1,799	8,739	1,952	11,650	2,782	983	23,879	5,961
清水町	127,757	304	52	0	41,980	6,504	1,134	15,834	3,291	19,097	6,348	6,060	21,491	5,660
長泉町	172,036	828	0	0	61,853	7,331	1,916	11,055	18,715	18,802	7,139	8,236	30,264	5,896
小山町	116,896	747	17	0	29,592	3,069	1,017	2,872	938	3,17	2,387	725	19,854	52,507
吉田町	156,267	691	1,291	60	88,500	6,615	2,073	8,847	2,354	11,208	13,684	772	14,598	5,573
川根本町	28,693	1,109	12	272	7,624	2,436	5,280	1,840	249	737	1,087	0	4,669	3,379
森　町	76,999	1,685	12	0	46,265	4,246	430	4,248	976	1,327	3,330	70	9,547	4,863

るが,「産業分類」から「経済活動別分類」に組み替えた主要な点は,サービス業を一括したこと,また「経済活動分類」の非営利サービスをサービス業に含めたこと,公務を政府サービス生産者に読み換えていることである.また「産業分類」にある「分類不能の産業」は分析の対象から省いた.

　第2の問題については,各地域の経済活動別生産額の推計を行うことでデータの調整を行った.推計の方法は,先ず静岡県における就業者1人当たりの経済活動別生産額を求め,その生産額を組み替えた各地域の経済活動別就業者数に乗じて各地域の経済活動別県内総生産額の推計値を求めるというもので,推計結果は**表3-6**に示されている.

(2) 合成指標による分析

　前節で求めた推計値は,各地域の産業別の生産額に同一の生産性（就業者数で見た生産性がどの地域においても一定）を仮定しており,その精度に問題があることは留意しなければならない.その上で,前節で取り上げた合成指標をこの推計データから算出してみよう.**表3-7**はその結果を示しているが,参考までに,組み替えられた経済活動別就業者の場合の計算結果も併せて示している.

　この結果を見ると,恐らく産業分類の組み替えと地域の産業別生産額推計の影響で,**表3-7**では製造業に次いでランキングされることの多かった「卸売業,小売業」が,県内総生産,就業者数ともに「サービス業」に入れ替わっているケースが目立つ.また県内総生産の場合,不動産業が地域の基盤産業として析出されるケースが多いことがわかる.データの組み換えや推計については,このような変化が生じることを十分留意した上で利用する必要があろう.

(3) 地域における経済基盤依存度の計測

　ここまでの試みは,あくまでも各地域の基盤産業を,合成指標によって1位および2位にランキングされた産業とみなして把握することであった.しかしながら,析出された各基盤産業が各地域の経済においてどの程度重要な産業と

表3-7 県民経済計算の合成指標による基盤産業

地 域	県内総生産 1位	県内総生産 2位	就業者 1位	就業者 2位
静岡県	製造業	サービス業	製造業	サービス業
静岡市	不動産	製造業	サービス業	卸売・小売業
浜松市	製造業	不動産業	製造業	サービス業
沼津市	製造業	不動産業	サービス業	製造業
熱海市	不動産	サービス業	サービス業	不動産業
三島市	製造業	不動産業	サービス業	製造業
富士宮市	製造業	サービス業	製造業	サービス業
伊東市	不動産	サービス業	サービス業	卸売・小売業
島田市	製造業	鉱業	製造業	鉱業
富士市	製造業	運輸業	製造業	サービス業
磐田市	製造業	鉱業	製造業	サービス業
焼津市	製造業	水産業	製造業	サービス業
掛川市	製造業	農林業	製造業	農林業
藤枝市	製造業	サービス業	製造業	サービス業
御殿場市	政府サービス生産者	製造業	政府サービス生産者	サービス業
袋井市	製造業	運輸業	製造業	運輸業
下田市	水産業	サービス業	サービス業	水産業
裾野市	製造業	サービス業	製造業	サービス業
湖西市	製造業	水産業	製造業	水産業
伊豆市	サービス業	鉱業	サービス業	鉱業
御前崎市	電気・ガス・水道業	製造業	電気・ガス・水道業	サービス業
菊川市	製造業	農林業	製造業	農林業
伊豆の国市	サービス業	製造業	サービス業	製造業
牧之原市	製造業	水産業	製造業	農林業
東伊豆町	サービス業	水産業	サービス業	水産業
河津町	サービス業	水産業	サービス業	農林業
南伊豆町	サービス業	水産業	サービス業	水産業
松崎町	サービス業	水産業	サービス業	卸売・小売業
西伊豆町	鉱業	サービス業	サービス業	鉱業
函南町	サービス業	建設業	サービス業	建設業
清水町	製造業	不動産業	製造業	卸売・小売業
長泉町	製造業	金融・保険業	製造業	サービス業
小山町	政府サービス生産者	製造業	政府サービス生産者	サービス業
吉田町	製造業	水産業	製造業	水産業
川根本町	電気・ガス・水道業	鉱業	サービス業	農林業
森町	製造業	農林業	製造業	農林業

表3-8 合成指標による依存度

地域	基盤産業（新指標）1位	基盤産業（新指標）2位	合計得点順位	合計得点
裾野市	製造業	サービス業	1	3.886
小山町	政府サービス生産者	製造業	2	3.801
菊川市	製造業	農林業	3	3.781
森町	製造業	農林業	4	3.645
湖西市	製造業	水産業	5	3.588
熱海市	サービス業	不動産業	6	3.492
御殿場市	政府サービス生産者	製造業	7	3.475
袋井市	製造業	運輸業	8	3.437
富士宮市	製造業	サービス業	9	3.405
磐田市	製造業	サービス業	10	3.323
掛川市	製造業	農林業	11	3.293
富士市	製造業	サービス業	12	3.208
吉田町	製造業	水産業	13	3.206
牧之原市	製造業	農林業	14	3.199
浜松市	製造業	サービス業	15	3.167
清水町	製造業	卸売・小売業	16	3.123
長泉町	製造業	金融・保険業	17	3.117
藤枝市	製造業	サービス業	18	2.992
函南町	サービス業	建設業	19	2.851
伊東市	サービス業	不動産業	20	2.710
東伊豆町	サービス業	水産業	21	2.636
焼津市	製造業	水産業	22	2.626
三島市	サービス業	製造業	23	2.586
南伊豆町	サービス業	水産業	24	2.580
伊豆市	サービス業	鉱業	25	2.571
島田市	製造業	鉱業	26	2.470
御前崎市	電気・ガス・水道業	製造業	27	2.439
下田市	サービス業	水産業	28	2.438
伊豆の国市	サービス業	製造業	29	2.374
河津町	サービス業	農林業	30	2.354
西伊豆町	サービス業	鉱業	31	2.331
松崎町	サービス業	水産業	32	2.120
沼津市	製造業	サービス業	33	2.094
川根本町	鉱業	電気・ガス・水道業	34	1.720
静岡市	サービス業	製造業	35	1.711

みなすことができるのか，それを評価することも地域の基盤産業を確定する上では必要である．つまり地域経済の基盤産業に対する依存度を評価する問題である．そこで本節では，引き続き合成指標を評価の尺度として，次のような依存度の計測を試みる．

まず，**表3-7**で試みた経済活動別県内総生産と就業者数の合成指標を用いて各地域の基盤産業の相加平均を求め，新たに得られた指標値に基づき改めて各地域の基盤産業（新指標値の第1位と2位）を特定する．次いで，各地域の1位と2位の基盤産業に該当する新指標値を合計し，この合計得点の大きさ順に各地域の依存度のランキングを行った．繰り返しになるが，計算の基礎になる合成指標は，標準化された数値であるため，産業別，地域別，就業者数，県内総生産額，いずれの点においても比較可能であり，この数値のランキング（降順）によって基盤産業への依存度が強い（弱い）地域が把握できる．**表3-8**はその結果をまとめたものである．

これによると，例えば，自衛隊の基地や施設のある小山町や御殿場市は，基盤産業の第1位に「政府サービス生産者」が上がっており，また依存度の順位も小山町が県内第2位，御殿場市が第7位と高く，これらの地域経済は，就業者，生産額ともに「政府サービス生産者」に大きく依存していることが理解でき，それはまたこの合成指標が当該地域の実情をある程度的確に計測してものとみなされる．

4 修正特化係数の方法と例証
──地域の移出産業としての基盤産業──

本章の終わりに修正特化係数について簡単に触れておこう．総務省統計局では，中村良平の研究に基づき，従業者による特化係数と構成比を用いて地域における基盤産業の把握を試みている[1]．具体的には，地域の「稼ぐ力（特化係数）」と「雇用力（構成比）」をキーワードに，各地域における各産業の特化係

数と構成比を二次元の散布図として図示して地域の産業基盤の特徴を把握しようと試みている．従業者（本章では就業者を利用）の特化係数という点では本章で試みたアプローチと共通しているが，次の点で異なっている．第1に，合成指標ではなく散布図によって視覚的に基盤産業を把握しようとしていること，第2に，単純な特化係数ではなく「修正特化係数[2]」と呼ばれる係数を利用していること，第3に，それによって移入額を差し引いた移出額の大きさで特化係数を計測しようしていること，そして第四に，したがって把握される基盤産業とは，地域の移出産業であるという点である．そこで本章の終わりに，参考として修正特化係数を利用した場合の合成指標を計算し，その結果について簡単に示しておこう．

修正特化係数とは，(3-3)式で定義された各地域の各産業における通常の特化係数に各産業の「自足率」を乗じたものである．いま，就業者数からみた j 県の i 産業における特化係数を LQ_{ij}，i 産業の自足率を k_i とすれば，修正特化係数 MLQ_{ij} は以下のように定式化される．

$$MLQ_{ij} = LQ_{ij} \times k_i \tag{3-5}$$

なお「自足率」とは，産業連関表の「生産者価格表」における「国内生産額」を「国内需要合計」で割った値として定義される．ただし(1)の場合と同様，国勢調査と産業連関表とでは産業の分類区分が異なるため，データを組み替えて調整する必要がある．総務省統計局では，「2011年産業連関表（速報値）」を利用して自足率を計算しているが，本章では「2011年産業連関表（確報値）」を使って自足率を求め合成指標を作成した（**表3-9**参照）[3]．なお産業分類は，**表3-5**で示される「経済活動別分類」に準拠した．

就業者数および経済活動別生産額の修正特化係数を用いて合成指標を計算し，前節と同じく静岡県各地域の基盤産業を把握した結果が**表3-10**（就業者数）と**表3-11**（経済活動別生産額）である．比較のために通常の特化係数を用いた場合の結果（**表3-7**参照）も併せて表記しておいた．これらを見ると就業者数および

表3-9　2011年産業連関表（確報値）に基づく自足率

産　業	自足率 国内生産額／国内需要合計
農林業	0.821
水産業	0.876
鉱　業	0.032
建設業	1.000
製造業	1.021
電気・ガス・水道業	1.001
情報通信業	0.991
運輸業	1.050
卸売・小売業	1.076
金融・保険業	0.998
不動産業	1.000
サービス業＋非営利サービス	0.996
政府サービス生産者	1.000

生産額の双方とも，第2位の基盤産業に変動が多いことがわかる．特に通常の特化係数では「鉱業」を基盤産業として析出した場合に変動が多く見られるが，これは表3-9で示されているように「鉱業」部門の自足率が0.032と他産業に比べて極端に低いことが原因となっている．

　もともと修正特化係数は，通常の特化係数が1を超える産業を移出産業と見ることにバイアスが生じるため，それを修正するために提案されたものである．統計局の説明によれば，修正特化係数とは「1より大きい産業が地域の外から稼いでいる産業（基盤産業）の目安」であり，したがって「稼ぐ力」の指標とされる．そのため，地域内での需給関係を考慮した修正特化係数を用いた場合，生産額をベースとした移出産業の把握という点では有効な指標となろう．しかしながら，この方法論には留意すべき点もいくつか存在する．例えば，本章では国の産業連関表を利用して自足率を求めているが，市町村レベルの特化係数にこの自足率を利用するというのは，各市町村レベルにおける各産業の自足率が一定であることを仮定していることになる．またそうした自足率を「就業者」の特化係数に適用するというのは，市町村レベルにおける産業別の労働生

表3-10 修正特化係数による基盤産業の把握（就業者）

地　域	特化係数を利用した場合 1位	2位	修正特化係数を利用した場合 1位	2位
静岡県	製造業	サービス業	製造業	サービス業
静岡市	サービス業	卸売・小売業	サービス業	卸売・小売業
浜松市	製造業	サービス業	製造業	サービス業
沼津市	サービス業	製造業	サービス業	製造業
熱海市	サービス業	不動産業	サービス業	不動産業
三島市	サービス業	製造業	サービス業	製造業
富士宮市	製造業	サービス業	製造業	サービス業
伊東市	サービス業	卸売・小売業	サービス業	卸売・小売業
島田市	製造業	鉱業	製造業	サービス業
富士市	製造業	サービス業	製造業	サービス業
磐田市	製造業	サービス業	製造業	サービス業
焼津市	製造業	サービス業	製造業	水産業
掛川市	製造業	農林業	製造業	サービス業
藤枝市	製造業	サービス業	製造業	サービス業
御殿場市	政府サービス生産者	サービス業	政府サービス生産者	サービス業
袋井市	製造業	運輸業	製造業	運輸業
下田市	サービス業	水産業	サービス業	水産業
裾野市	製造業	サービス業	製造業	サービス業
湖西市	製造業	水産業	製造業	水産業
伊豆市	サービス業	鉱業	サービス業	農業
御前崎市	電気・ガス・水道業	サービス業	電気・ガス・水道業	サービス業
菊川市	製造業	農林業	製造業	農林業
伊豆の国市	サービス業	製造業	サービス業	電気・ガス・水道業
牧之原市	製造業	農林業	製造業	農林業
東伊豆町	サービス業	水産業	サービス業	水産業
河津町	サービス業	農林業	サービス業	農林業
南伊豆町	サービス業	水産業	サービス業	水産業
松崎町	サービス業	卸売・小売業	サービス業	卸売・小売業
西伊豆町	サービス業	鉱業	サービス業	水産業
函南町	サービス業	建設業	サービス業	建設業
清水町	製造業	卸売・小売業	製造業	卸売・小売業
長泉町	製造業	サービス業	製造業	サービス業
小山町	政府サービス生産者	サービス業	政府サービス生産者	サービス業
吉田町	製造業	水産業	製造業	水産業
川根本町	サービス業	農林業	電気・ガス・水道業	農林業
森町	製造業	農林業	製造業	農林業

表3-11　修正特化係数による基盤産業の把握（県内総生産）

地　域	特化係数を利用した場合 1位	特化係数を利用した場合 2位	修正特化係数を利用した場合 1位	修正特化係数を利用した場合 2位
静岡県	製造業	サービス業	製造業	サービス業
静岡市	不動産	製造業	不動産	製造業
浜松市	製造業	不動産業	製造業	不動産業
沼津市	製造業	不動産業	製造業	不動産業
熱海市	不動産	サービス業	不動産	サービス業
三島市	製造業	不動産業	製造業	不動産業
富士宮市	製造業	サービス業	製造業	サービス業
伊東市	不動産	サービス業	不動産	サービス業
島田市	製造業	鉱業	製造業	サービス業
富士市	製造業	運輸業	製造業	運輸業
磐田市	製造業	鉱業	製造業	サービス業
焼津市	製造業	水産業	製造業	水産業
掛川市	製造業	農林業	製造業	サービス業
藤枝市	製造業	サービス業	製造業	サービス業
御殿場市	政府サービス生産者	製造業	政府サービス生産者	製造業
袋井市	製造業	運輸業	製造業	運輸業
下田市	水産業	サービス業	水産業	サービス業
裾野市	製造業	サービス業	製造業	サービス業
湖西市	製造業	水産業	製造業	水産業
伊豆市	サービス業	鉱業	サービス業	建設業
御前崎市	電気・ガス・水道業	製造業	電気・ガス・水道業	製造業
菊川市	製造業	農林業	製造業	農林業
伊豆の国市	サービス業	製造業	製造業	サービス業
牧之原市	製造業	水産業	製造業	水産業
東伊豆町	サービス業	水産業	サービス業	水産業
河津町	サービス業	水産業	サービス業	水産業
南伊豆町	サービス業	水産業	サービス業	水産業
松崎町	サービス業	水産業	サービス業	水産業
西伊豆町	鉱業	サービス業	水産業	サービス業
函南町	サービス業	建設業	サービス業	建設業
清水町	製造業	不動産業	製造業	不動産業
長泉町	製造業	金融・保険業	製造業	金融・保険業
小山町	政府サービス生産者	製造業	政府サービス生産者	製造業
吉田町	水産業	水産業	製造業	水産業
川根本町	電気・ガス・水道業	鉱業	電気・ガス・水道業	製造業
森町	製造業	農林業	製造業	農林業

産性が同一であることを仮定している．これらの仮定の上で**表3-10**の計算結果も得られており，その利用においては十分に留意すべきであろう．

注

1) 総務省統計局「地域の産業・雇用創造チャート──統計で見る稼ぐ力と雇用力──」(http://www.stat.go.jp/info/kouhou/chiiki/, 2015年9月5日閲覧)．
2) 修正特化係数は岡山大学の中村良平によって提示された係数である．これについては中村［2005］を参照のこと．
3) 総務省統計局 (http://www.stat.go.jp/info/kouhou/chiiki/, 2015年9月5日閲覧)．

参考文献

上藤一郎・山下隆之・高瀬浩二・塚本高士・片岡達也・勝山敏司［2015］「地域別経済指標に基づく静岡SDモデルの開発とその拡張──静岡県内各市町における基盤産業の分析──」『地域経済』（静岡大学），6．
中村良平［2005］「地域経済の循環構造：序説」『岡山大学経済学会雑誌』36(4)．

# 第4章
供給主導型モデル

　地域経済には，どのような産業があり，それぞれにどれほどの資本が投下され，何人の労働者が従事しているか，産出額はどれ位か．そのようにして地域の産業の姿を示すのが産業構造である．産業構造の変化につれて資本の量や労働者の数は変化していくが，長期的にはそうした資本と労働を源泉として地域経済は成長していく．生産要素の投入からみた地域経済モデルを供給主導型 (supply-led) モデルと考えることができる．

1　生産プロセス

　人間が生きていくためには，食料，衣料，住宅などのさまざまな財が必要である．これらの財は，土地，労働 (labor)，資本 (capital) を用いて，原材料を人間に役立つように作り変えることで手に入れられる．土地，労働，資本を生産要素と呼ぶが，多くの財に共通して用いられる重要な生産要素は資本と労働である．これに生産技術が与えられて，資本と労働の量からどれだけの財が生産されるかが決まる．経済学ではこの関係を生産関数 (production function) として表す (図4-1)．一般に生産活動は企業によって行われるが，地域経済のレベルで集計することもできる．統計データとの対応では，生産量を域内総生産の量であると考えるのが妥当である．
　産業革命以後の世界の経済は資本ストックを拡大させながら成長してきた[1]．静岡県も例外ではない．図4-2は，静岡県の労働者1人当たりの資本量（資本-

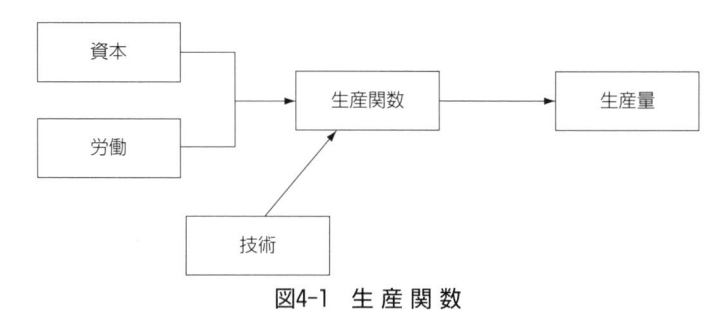

図4-1　生産関数

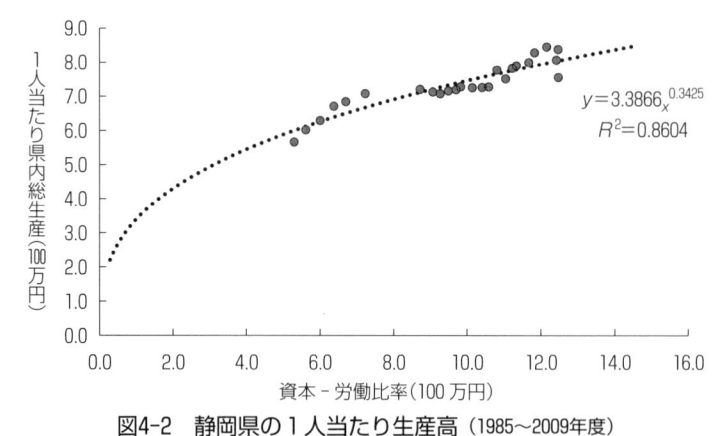

図4-2　静岡県の1人当たり生産高（1985〜2009年度）

（出所）内閣府経済社会総合研究所『県民経済計算』各年版，内閣府経済社会総合研究所『都道府県別民間資本ストック』平成23年版より筆者作成．

労働比率）と労働者1人当たり生産高（労働生産性）を散布図（scatter plot）で示したものである（2005暦年基準）．労働者1人当たりの資本量が上昇するに連れて労働者1人当たり生産高（県内総生産）が上昇してきたことがわかる．

集約された生産高と資本との間の同様な関係は世界の多くの国で観測されており，経済学者のポール・ダグラス（Paul Douglas）と数学者のチャールズ・コブ（Charles Cobb）は，資本（K）と労働（L）との関係を探るために次のような関数を提案した［Cobb-Douglas 1928］．

$$Y = AK^{\alpha}L^{1-\alpha} \tag{4-1}$$

ここでパラメータ α は 0 と 1 の間にある数であり，この生産関数は「規模に関して収穫一定（constant returns to scale）」を示す[2]．パラメータ A は生産性（productivity）を示す指標であるが，技術進歩がその値を増加させると考えられている．

(4-1) 式の両辺を L で除すと，

$$\frac{Y}{L} = A\left(\frac{K}{L}\right)^{\alpha} \tag{4-2}$$

を得る．**図4-2**のデータから，回帰分析により (4-2) 式を求めると，

$$\frac{Y}{L} = 3.3866 \times \left(\frac{K}{L}\right)^{0.3425}, R^2 = 0.8604 \tag{4-3}$$

の関係を得ることができ，コブ＝ダグラス型生産関数（Cobb-Douglas production function）の当てはまりの良さがわかる．

2　新古典派の経済成長モデル

　生産関数は労働と資本がどのように生産高に転換されるかを教えてくれるから，経済成長モデルを作ることができる．ここで検討するモデルはソロー [Solow 1956] とスワン [Swan 1956] による 2 つの論文から生まれた．ソローの有名な理論は，単一財のみが生産されている経済モデルで展開されており，貯蓄，人口成長，技術進歩が時間を通じて経済の産出と成長にどのような影響を与えるかを示す．ソロー・モデルは，限界生産力の逓減や完全競争等の新古典派経済学の諸仮定を採用しているため，新古典派成長モデル（neoclassical growth model）と呼ばれる．

　新古典派成長モデルは生産関数と資本蓄積方程式の 2 つの式を中心に構成されている．投入を資本 K と労働 L の 2 つに分類し，実質生産高を Y とする．

生産関数は次のように表わされる．

$$Y = F(K, L) \tag{4-4}$$

新古典派成長モデルでは，生産関数が規模に関して収穫一定であると仮定される．

生産関数が規模に関して収穫一定の場合には，資本と労働を両方$1/L$倍すると，産出量も$1/L$倍になるから，次のような式が得られる．

$$\frac{Y}{L} = F\left(\frac{K}{L}, 1\right) \tag{4-5}$$

この式は，労働者1人当たりの産出量Y/Lが労働者1人当たりの資本量K/Lの関数であることを意味している．労働者1人当たりの数量を小文字で表すことにすれば，生産関数(4-4)式は

$$y = f(k) \tag{4-6}$$

と書ける．この関数は労働者1人当たり資本量kが増加するときにのみ労働者1人当たり生産高yが増加する．資本–労働比率の全水準に亘って資本の限界力が正であり，資本の限界生産力は資本–労働比率が増加するにつれて逓減する．数学的には$\frac{df(k)}{dk} > 0$, $\frac{d^2 f(k)}{dk^2} < 0$という性質を備えていることになる．

図4-3は仮定される生産関数を示している．

新古典派成長モデルにおける財への需要は，消費と投資から生じる．

$$Y = C + I \tag{4-7}$$

消費者は所得のうちsの割合を貯蓄すると仮定する．

$$S = sY \tag{4-8}$$

sは限界貯蓄性向（marginal propensity to save）で，$0 < s < 1$である．次の消費関

図4-3 生産関数

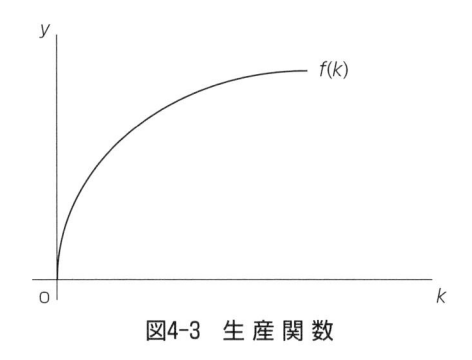

数を得る．

$$C = Y - S = (1-s)Y \tag{4-9}$$

(4-7) 式に (4-9) 式を代入すると，

$$Y = (1-s)Y + I \tag{4-10}$$

となる．この式を整理すると，

$$I = sY \tag{4-11}$$

を得る．これは，投資と貯蓄が等しいことを意味している．

毎年投入される投資から減価償却などを除いて残った分が蓄えられ，資本ストックとなる．投資が資本ストックに与える影響を次のような方程式で表すことができる．

$$\Delta K = I - \delta K \tag{4-12}$$

ここで，ΔK はある年から次の年にかけての資本ストックの変化である．δ は減価償却率である[3]．労働者1人当たりの値に換算すると，下記を得る．

$$\Delta k = i - \delta k \tag{4-13}$$

ここで，

$$\begin{aligned}
\Delta k &= \frac{\Delta K \cdot L - K \cdot \Delta L}{L^2} \\
&= \frac{\Delta K}{L} \cdot \frac{L}{L} \cdot \frac{K}{K} - \frac{K}{L} \cdot \frac{\Delta L}{L} \\
&= \frac{K}{L}\left(\frac{\Delta K}{K} - \frac{\Delta L}{L}\right)
\end{aligned} \tag{4-14}$$

である[4]．人口と労働力が一定率 n で成長すると仮定しよう．人口成長は労働者数を増加させるが，労働者数の増加は労働者 1 人当たり資本量の減少をもたらす．

$$\Delta k = \frac{K}{L}\left(\frac{\Delta K}{K} - n\right) \tag{4-15}$$

(4-6)，(4-12)，(4-15) より次式を得る．

$$\begin{aligned}
\Delta k &= \frac{K}{L}\left(\frac{I - \delta K}{K} - n\right) \\
&= \left(\frac{sY - \delta K}{L}\right) - n\frac{K}{L} \\
&= sy - \delta k - nk \\
&= sf(k) - (n + \delta)k
\end{aligned} \tag{4-16}$$

(4-16) 式の動きを図示したのが，**図4-4①**である．$sf(k)$ と $(n+\delta)k$ が等しい点では，$\Delta k = 0$ となる．すなわち，労働者 1 人当たり貯蓄から生まれる投資は，純投資 $i - \delta k$ が nk と相殺され，粗投資 i は現存の資本ストックを維持する水準となる．このとき労働者 1 人当たり投資量 k^* は，長期均衡水準となる．この労働者 1 人当たり投資量 k^* は，労働者 1 人当たり生産量の均衡水準 y^* と対応している．ひとたびこの均衡が達成されると，生産者には労働者 1

①

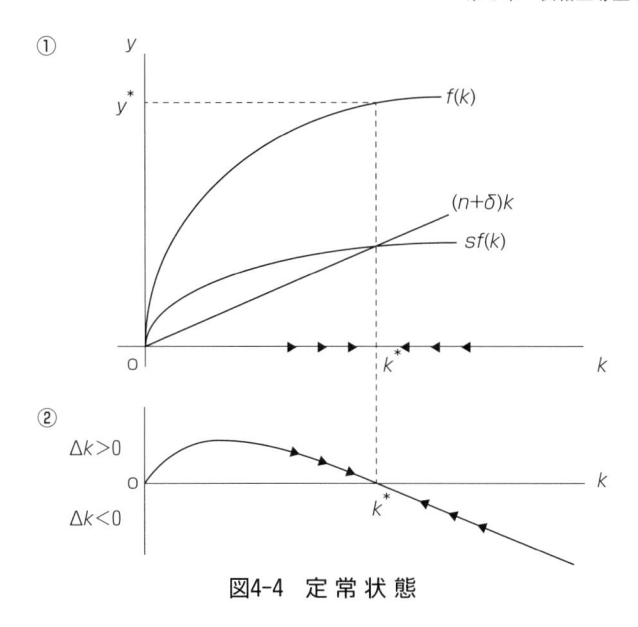

②

図4-4　定常状態

人当たり投資量をそれ以上に増加させる動機がなくなる．したがって労働者1人当たりの資本量と労働者1人当たり生産量は一定の水準にとどまり，経済は長期均衡にある．このような点を定常状態 (steady state) という．

　図4-4②の図は定常状態への収束過程を別の角度から示している．k^* より左側では労働者1人当たりの投資 $sf(k)$ が $(n+\delta)k$ を超えているため，1人当たり資本 k が増加する．これを資本深化 (capital deepening) と呼ぶが，資本深化は k が k^* に等しくなるまで続く．$k=k^*$ の点では $sf(k)=(n+\delta)k$ が成立し，$\Delta k=0$ となる．同様に，k^* より右側にある労働者1人当たり資本の値では，$sf(k)<(n+\delta)k$ となっているので逆の議論が成立して，労働者1人当たり資本は減少する．この新古典派成長モデルの結論は，他の代替的な理論よりもうまく現実の成長経験に一致している．

3 経済成長の構成要素

新古典派成長モデルは，経済成長の3つの要因を特定している．それは，資本ストック，労働力，技術である．これら3つの要因はそれぞれ次のように経済成長に影響する．

(1) 投 資
新古典派成長モデルにおいて，投資額の増加は貯蓄率の増加によってもたらされる．**図4-5**は限界貯蓄性向 s が s_0 から s_1 に増加した時の効果を示す．資本ストックが増えるため，再び資本深化が起きる．$sf(k)$ 曲線が上方へシフトして定常状態の労働者1人当たり資本が k_0 から k_1 へと増加し，労働者1人当たりの産出水準が y_0 から y_1 へと増加する．

投資の大きな経済は労働者1人当たりの資本量が高く，労働者1人当たりの所得が高くなり，第二次世界大戦後の日本を含めていくつかの国の驚異的な経済成長を説明できる．

(2) 人 口
新古典派成長モデルでは，労働力は外生的な一定の率で成長する．**図4-6**は人口成長率 n が n_0 から n_1 に上昇した時の効果を示す．労働者が増えるので，労働者1人当たり資本量 k^* を維持するのが難しくなる．$(n+\delta)k$ 曲線が左方へ回転して，定常状態の労働者1人当たり資本が k_0 から k_1 へと減少する資本浅化（capital shallowing）が起きる．労働者1人当たりの産出水準が y_0 から y_1 へと低下する．

実際，人口成長率の高い経済では労働者1人当たりの資本ストックが低く，労働者1人当たりの所得が低い．新古典派成長モデルは，こうした現実をうまく説明できる．

図4-5　投資増大の影響

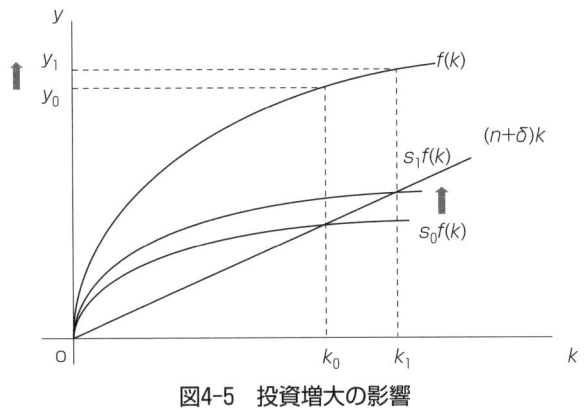

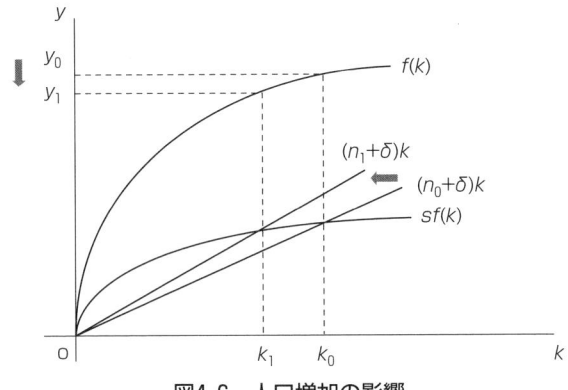

図4-6　人口増加の影響

(3) 技　術

　新古典派成長モデルは，労働者1人当たり生産量の成長が技術進歩によって上昇することも説明する．**図4-7**は，技術進歩が労働者1人当たり生産量に与える影響を示している．生産性の上昇によって，生産関数が $f_0(k)$ から $f_1(k)$ へと上方へシフトする．定常状態の労働者1人当たり資本が k_0 から k_1 へと増加し，労働者1人当たりの産出水準が y_0 から y_1 へと増加する．

　日本全国に関するデータから，回帰分析により (4-2) 式を求めると，次のよ

78　第Ⅰ部　基本編

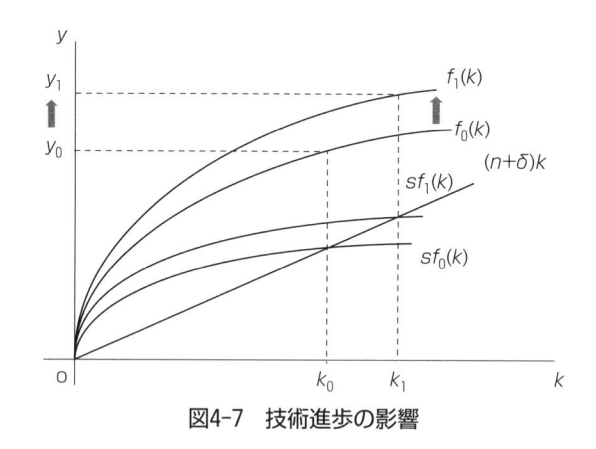

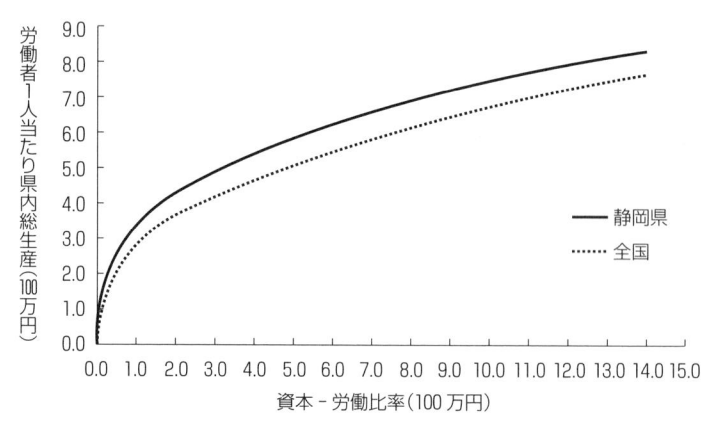

図4-7　技術進歩の影響

図4-8　静岡県の生産関数と全国の生産関数（1985〜2012年度）

うになる．

$$\frac{Y}{L} = 2.7252 \times \left(\frac{K}{L}\right)^{0.3935}, R^2 = 0.9246 \qquad (4\text{-}17)$$

(4-3) 式と (4-17) 式をグラフに描くと**図4-8**を得る．

　静岡県は，他の事情を一定とすると，生産性の高さから高い所得が得られていることがうかがえる．

4 人口減少の影響

経済成長とともに先進国の多くで人口成長率の減少が観測されている．日本では，2008年より，人口成長率がマイナスに転じ「人口減少社会」に入った．[6] 新古典派成長モデルでは，人口減少の影響を図4-9のように説明することができる．

人口成長率が n_0 から n_1 に減少した場合，労働者が減るので，労働者1人当たり資本量 k^* を維持するだけだと資本の超過が生じる．$(n+\delta)k$ 曲線が右方へ回転して，定常状態の労働者1人当たり資本が k_0 から k_1 へと増加する．労働者1人当たり生産高は y_0 から y_1 へと上昇する．人口成長率の減少は，資本深化を進める．

問題となるのは，$n<0$ の場合である．2つのケースがある．$|n|<\delta$ のケースでは，$n+\delta>0$ であるから，前述のように，投資に連れて労働者1人当たり資本 k が上昇する．従来と同じペースで投資が行われるならば，人口減少の下での上昇の方が大きくなる．$|n|>\delta$ のケースでは，$n+\delta<0$ となるが，(4-16)式より Δk に与える影響はプラスであり，たとえ投資が不十分であっても

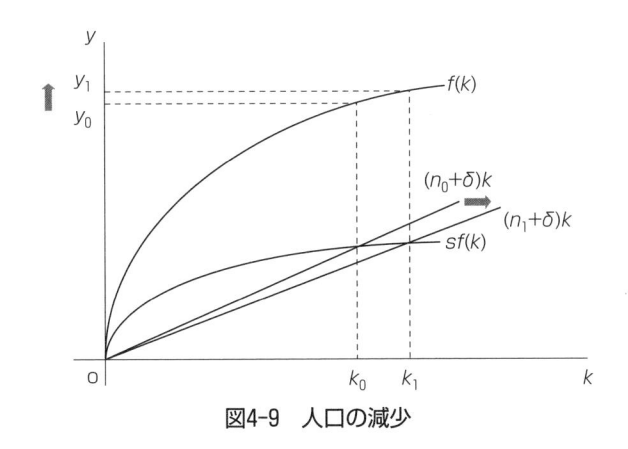

図4-9 人口の減少

労働者1人当たりの資本ストックは増加することになる．しかしながら，$f(k)$ 曲線と $(n+\delta)k$ 曲線との交点は得られず，定常状態は実現されない．

5 　経済成長と地域間格差の収束

　経済成長に関する国際間の比較では，先進国がゆっくりとしたスピードで経済成長する一方で，後発国は速いスピードで成長する傾向にある．資本蓄積が遅れている国ほど資本蓄積が始まれば高い経済成長を実現できるが，資本蓄積が進むほどに資本の限界生産力が逓減していくため，その経済成長率が次第に鈍化して，国家間の経済成長率の違いは縮小していく．これを収束 (convergence) と呼ぶ．新古典派成長モデルはこうした収束の性格を持っている．

　新古典派成長モデルの (4-16) 式は，次のように書き換えられる．

$$\frac{\Delta k}{k} = \frac{sy}{k} - (n+\delta) \qquad (4\text{-}18)$$

この方程式を**図4-10**のように描くことができる．図の2つの曲線は (4-18) 式の右辺の2つの項を表している．2つの曲線の差が $\Delta k/k$，すなわち k の成長率である．当初の後発経済は労働者1人当たり資本 k_1 からスタートして定常状態 k^* へ向かって成長するものと仮定する．他方，当初の先発経済は労働者1人当たり資本 k_2 からスタートして定常状態 k^* へ向かうものと仮定しよう．明らかに，後発経済の方が成長の初期段階において，先発経済よりも速いスピードで成長するであろう．そしてこの2つの経済の労働者1人当たり産出量の格差は，2つの経済が定常状態に近づくにつれて，縮小していく．

　この収束仮説は，世界に経済成長率の高い国と低い国がある理由を説明してくれる．この仮説は国内にも応用できる．バロー＝サラ・イ・マーティン [Barro and Sala-i-Martin 1995] によれば，アメリカの州 (state) や日本の府県 (prefecture) でも収束がみられる．

　国内に限ってみれば，貯蓄率や人口成長率の地域差は少ないので定常状態が

図4-10 定常状態への収束

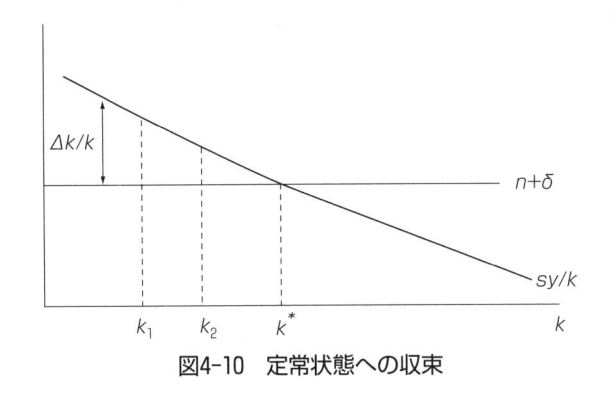

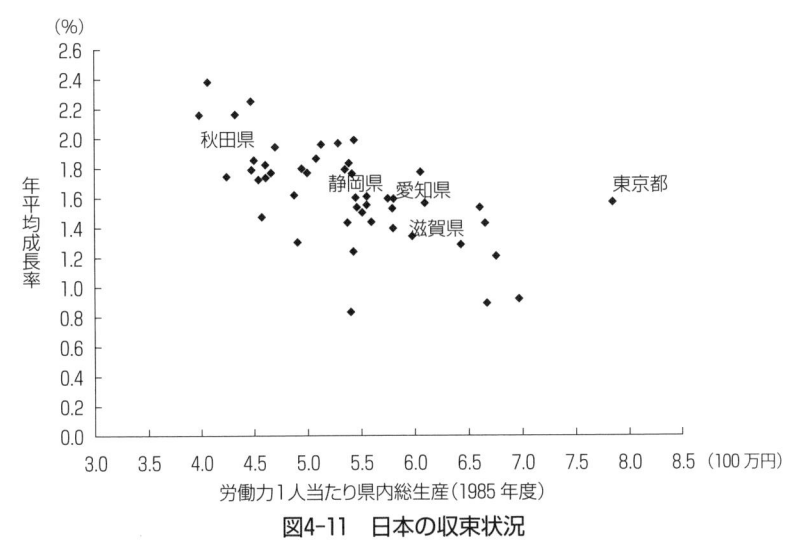

図4-11 日本の収束状況

（出所）内閣府経済社会総合研究所『県民経済計算』各年版より筆者作成.

同じ値となりそうである．したがって，収束仮説に従えば，国内における地域経済間の経済成長の格差はいずれ解消するはずである[7]（**図4-11**）．しかしながら，地域間格差の拡大がしばしば指摘されてきた．

新古典派成長モデルから地域経済の成長格差を生じさせる理由を知ることができる．1人当たり生産高の地域間格差は，以下の点から生じると考えられる．

図4-12 生産水準格差の原因

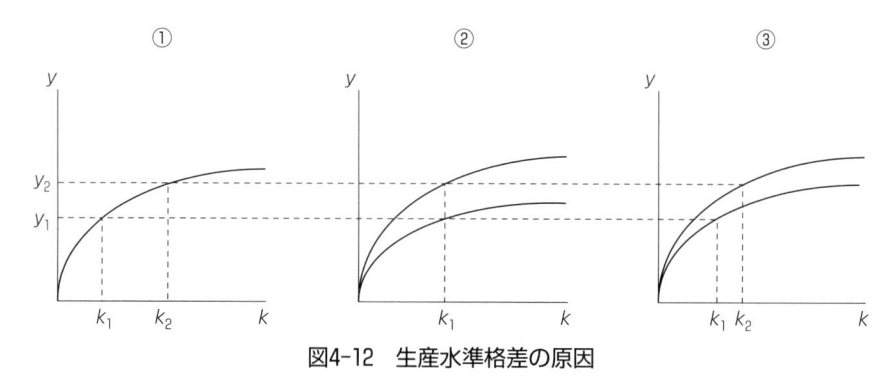

① 生産要素の蓄積の違い，② 生産性（productivity）の違い，③ 生産要素の蓄積と生産性の違いである．**図4-12**はその3つのパターンを示している．

資本ストックや労働力の成長率が地域間で異なるかもしれないし，生産性とその背後にある技術進歩が地域間で異なるのかもしれない．あるいはその混合かもしれない．経済成長の過程における要素供給の役割を強調する新古典派の考え方に従えば，成長は，ある地域が他地域から資本と労働力を引き付ける程度に依存する．地域間格差を論ずるには労働力の成長に影響を与える労働移動の問題や生産性に影響を与える産業構造の違いを検討する必要がある．

6 地域間格差の拡大

新古典派成長モデルでは，人口の成長や技術進歩を外生的な要因とみていた．しかし，これらの要因を時間とともに変化する内生的な要因とみる理論が近年注目されている．先進諸国に持続的な経済成長が見られるのはなぜだろうか．それは，R&D投資や人的資源への教育投資などの経済活動によって技術進歩が促され，収穫逓減の法則を克服してきたからであると考えられる．内生的成長（endogenous growth）理論に従えば，品質の向上や製品差別化等の供給サイドにおける技術進歩によって新たな需要を喚起することも可能となる．内生的

図4-13 *AK* モデル

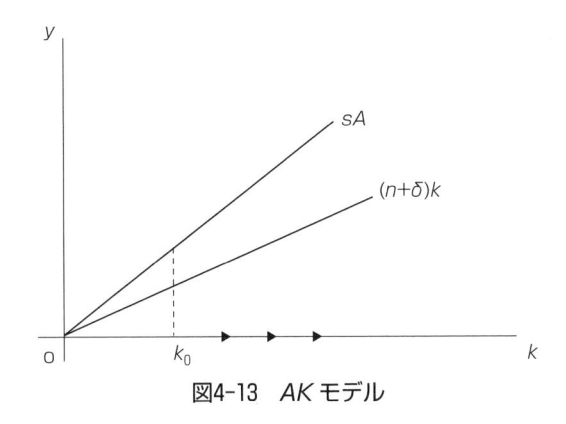

成長理論は，1980年代にローマー［Romer 1986］等によって発展した．

(4-4) 式に代わり，次のような生産関数を仮定しよう[8]．

$$Y = AK \tag{4-19}$$

これは (4-1) 式で $\alpha=1$ を仮定したものと同等であり，資本蓄積に対して収穫一定となる．A は正の定数であり，資本の限界生産力 $\Delta Y/\Delta K$ は常に A となる．労働者1人当たりで表すと，生産関数は

$$y = Ak \tag{4-20}$$

となる．これを (4-18) 式に代入すると，次の方程式を得る．

$$\frac{\Delta k}{k} = sA - (n+\delta) \tag{4-21}$$

(4-20) 式と (4-21) 式を組み合わせて，少し変形すると，次の式を得る．

$$\frac{\Delta y}{y} = \frac{\Delta k}{k} = sA - (n+\delta) \tag{4-22}$$

$sA > n+\delta$ である限り，経済の労働者1人当たり所得は永続的に成長するのである．このモデルを図示すると，**図4-13**のようになる．

この経済では，投資量が減耗よりも大きいので資本ストックは増大する．初期の k_0 から始まった資本ストックは成長を続け，止まらない．

新古典派成長モデルにおいては，貯蓄と投資は一時的に成長をもたらすが，資本に対する収穫逓減によって経済はやがて定常状態に接近する．しかし，内生的成長モデルにおいては，貯蓄と投資は持続的な成長をもたらすのである．このため，初期の所得が高い地域では所得が上昇し続けるので，地域間格差は拡大する．

注

1) 産業革命（industrial revolution）とは，工場制機械工業の導入による産業の変革とそれに伴う社会構造の変革のことを指す．イギリスを皮切りにベルギー，フランス，アメリカ，ドイツ，ロシア，日本と順次産業革命が起こった．イギリスでは1760年代から1830年代にかけて，日本では1886年から1907年にかけて産業革命が起こったとされる．
2) 生産要素の各投入量をともにある倍数だけ増やすと産出量がその倍数と同じだけ増えるとき，生産関数は規模に関して収穫一定であると言う．数学的には任意の正の定数 z に対して，$F(zK, zL)=zF(K, L)$ が成立する．もしも，$F(zK, zL)>zF(K, L)$ であれば規模に関して収穫逓増（increasing returns to scale）であり，不等号が逆であれば規模に関して収穫逓減（decreasing returns to scale）である．
3) 資本設備の寿命が n 年であれば，$\delta=1/n$ となる．
4) 厳密には，資本 K と労働 L を時間 t の変数と考えて，$\dfrac{K(t)}{L(t)}$ を t に関して微分する．

$$\frac{d}{dt}\left(\frac{K(t)}{L(t)}\right)=\frac{\dfrac{dK(t)}{dt}L(t)-K(t)\dfrac{dL(t)}{dt}}{L(t)^2}=\frac{\dfrac{dK}{dt}}{L}-\frac{K}{L}\frac{\dfrac{dL}{dt}}{L}=\frac{K}{L}\left(\frac{\dfrac{dK}{dt}}{K}-\frac{\dfrac{dL}{dt}}{L}\right)$$

5) 労働者1人当たり資本を一定に保つために必要な投資は資本拡大（capital widening）と呼ばれ，資本深化と区別される．(4-16)式の第2項 $(n+\delta)k$ が資本拡大にあたる部分である．
6) 日本における人口減少は2005年の国勢調査で発表されたが，総務省統計局の推計人口によると，2005年から2007年は横ばいの静止状態が続き，2008年から人口が継続的に減少する人口減少社会が始まった．静岡県の人口は，推計では2002年，国勢調査では2005年から人口減少が始まった（「人口減少社会『元年』は，いつか？」統計 Today No.9，総務省統計局／(http://www.stat.go.jp/info/today/009.htm，2015年11月21日閲覧)．

7) 収束の速度に関しては研究者によって意見が異なるが，バロー＝サラ・イ・マーティンの実証研究では25年から35年は必要とされる［Barro and Sala-i-Martin 1995］．
8) この生産関数から，AK モデルと呼ばれる．

参考文献

黒田達郎・田淵隆俊・中村良平［2008］『都市と地域の経済学〔新版〕』有斐閣．
Barro, R. J. and X. Sala-i-Martin［1995］*Economic Growth,* New York: Tokyo: McGraw-Hill（大住圭介訳『内生的経済成長論（1-2巻）』九州大学出版会，1997-98年）.
Gruescu, S.［2007］*Population Ageing and Economic Growth: Education Policy and Family Policy in a Model of Endogenous Growth,* Heidelberg: Physica-Verlag.
Jones, C. I.［1998］*Introduction to Economic Growth,* New York: W. W. Norton.（香西泰監訳『経済成長理論入門』日本経済新聞社，1999年）.
Jones, H. G.［1975］*An Introduction to Modern Theories of Economic Growth,* London: Thomas Nelson（松下勝弘訳『現代経済成長理論』マグロウヒル好学社，1980年）.
Romer, P. M.［1986］"Increasing Returns and Long-Run Growth," *Journal of Political Economy,* 94(5).
Solow, R. M.［1956］"A Contribution to the Theory of Economic Growth," *The Quarterly Journal of Economics,* 70(1).
Swan, T. W.［1956］"Economic Growth and Capital Accumulation," *Economic Record,* 32(2).
Weil, D. N.［2009］*Economic Growth,* 2nd ed., Boston; Tokyo: Pearson Addison Wesley（早見弘・早見均訳『経済成長〔第2版〕』ピアソン桐原，2010年）.

第5章
シフト・シェア分析

　地域間の所得格差がなぜ生じるのかという問いに対して，地域間の産業構造の違いが指摘されることが多い．産業構成において，成長産業が占める割合の大きな地域であれば地域の成長率が高いのは当然であり，逆に衰退産業を抱えている地域の成長率は低くなる．しかしながら，産業構成に差がみられなくても，地域固有の条件によっては成長率に差が生じる．地域の経済成長を産業構造によって説明できる部分と説明できない部分に分ける手法として，シフト・シェア分析 (shift and share analysis) がある．

　シフト・シェア分析は，欧米を中心に数多くの実証研究に活用されてきた．日本国内においても，太田 [1982]，佐竹 [1984]，小林 [2004] などの実証分析があるが，全国の都道府県や大都市を対象としている．これに対して，本章は地域内の市町村を対象として，シフト・シェア分析を試みる．

1　シフト・シェア分析

　シフト・シェア分析は，地域経済の成長が国民経済の成長から乖離する要因について，その地域の産業構成 (industrial mix) によって説明できる部分と説明できない部分（すなわち地域要因）とに要約し，その2つの指標が，地域の経済成長にそれぞれどの程度影響しているかを分析する．

　地域経済の成長と国民経済の成長との乖離をシフト (shift) と呼ぶ．地域経済の成長を測る指標として就業者数をとりあげよう[1]．産業部門 i における地域

の就業者数を e_i,全国の就業者数を E_i とする.E は全国レベルの総就業者数である.右上の添え字 0,t はそれぞれ基準時点,比較時点を示すものとする.地域の雇用の変化は,

$$\sum_{i=1}^{n} e_i^t - \sum_{i=1}^{n} e_i^0 \tag{5-1}$$

である.Dunn [1960] によると,地域の雇用の増加は,全国と同じ成長率であった場合の雇用の増加と乖離する.もしも全国と同じ成長率であった場合に,当該地域の雇用の全国比率（share of total employment）は変わらない.(5-1) 式は,

$$\begin{aligned}\sum_{i=1}^{n} e_i^t - \sum_{i=1}^{n} e_i^0 &= \left(\frac{E^t}{E^0} \sum_{i=1}^{n} e_i^0 - \sum_{i=1}^{n} e_i^0\right) + \left(\sum_{i=1}^{n} e_i^t - \frac{E^t}{E^0} \sum_{i=1}^{n} e_i^0\right) \\ &= \left(\frac{E^t}{E^0} - 1\right)\sum_{i=1}^{n} e_i^0 + \left(\sum_{i=1}^{n} e_i^t - \frac{E^t}{E^0} \sum_{i=1}^{n} e_i^0\right)\end{aligned} \tag{5-2}$$

と書き換えることができ,(5-1) 式の第1項は当該地域の就業者が全国の総就業者数と同じ率で成長したならば増加したであろう変化量を意味し,これを国民経済全体に占める地域のシェア（share）と考える.この仮説値からの乖離を示す2番目の括弧内の式が,シェアからのシフトを表す.

表5-1は,浜松市のシフトとシェアを計算したものである.シフトが正値であるということはその地域が全国平均以上に成長したということであり,逆にシフトが負値であるということはその地域の成長が全国平均を下回ったということである.

地域経済の成長を国民経済のそれから乖離させるシフトの要因は数多く考えられるが,それらは2つに要約される.

$$\sum_{i=1}^{n} e_i^t - \frac{E^t}{E^0} \sum_{i=1}^{n} e_i^0 = \sum_{i=1}^{n}\left(e_i^t - \frac{E_i^t}{E_i^0} e_i^0\right) + \sum_{i=1}^{n}\left(\frac{E_i^t}{E_i^0} - \frac{E^t}{E^0}\right) e_i^0 \tag{5-3}$$

(5-3) 式の右辺第1項は,当該地域における各産業部門の変化の効果を意味し,差異シフト（differential shift）または地域特殊要因と呼ばれる.第2項は,

表5-1 シフト・シェア分析（浜松市）

	地域の雇用 2005 e_0	地域の雇用 2010 e_t	全国の雇用 2005 E_0	全国の雇用 2010 E_t	全国成長率 E_t/E_0	地域雇用の成長 e_t-e_0	シェア	シフト
農　業	19,188	15,346	2,703,360	2,135,977		−3,842	−591	−3,251
林　業	373	541	46,618	68,553		168	−11	179
漁　業	897	792	215,813	176,885		−105	−28	−77
鉱　業	122	98	26,921	22,152		−24	−4	−20
建設業	33,577	29,674	5,391,905	4,474,946		−3,903	−1,034	−2,869
製造業	122,947	107,515	10,646,362	9,626,184		−15,432	−3,787	−11,645
電気・ガス・熱供給・水道業	1,114	1,248	279,799	284,473		134	−34	168
情報通信業	4,955	4,609	1,624,480	1,626,714		−346	−153	−193
運輸業	19,408	20,360	3,132,712	3,219,050		952	−598	1,550
卸売・小売業	72,104	65,228	11,018,413	9,804,290		−6,876	−2,221	−4,655
金融・保険業	7,667	7,830	1,537,830	1,512,975		163	−236	399
不動産業	3,959	5,661	859,635	1,113,768		1,702	−122	1,824
飲食店，宿泊業	18,981	21,895	3,223,451	3,423,208		2,914	−585	3,499
医療，福祉	31,608	37,190	5,353,261	6,127,782		5,582	−974	6,556
教育，学習支援業	16,999	16,947	2,702,160	2,635,120		−52	−524	472
複合サービス業	4,255	2,388	679,350	376,986		−1,867	−131	−1,736
サービス業	49,895	42,188	8,819,754	7,505,822		−7,707	−1,537	−6,170
公　務	9,344	10,715	2,098,148	2,016,128		1,371	−288	1,659
分類不能の産業	6,394	9,348	1,146,001	3,460,298		2,954	−197	3,151
総　数	423,787	399,573	61,505,973	59,611,311	0.97	−24,214	−13,055	−11,159

（出所）総務省統計局『国勢調査報告』平成17年版，平成22年版より筆者作成．

全国における特定産業部門の変化の効果を意味し，比例シフト（proportionality shift）または産業構造要因（industry mix）と呼ばれる[2]．

（5-2）式と（5-3）式から，地域の就業者数の変化は，

$$\sum_{i=1}^{n}e_i^t-\sum_{i=1}^{n}e_i^0=\sum_{i=1}^{n}e_i^0\left(\frac{E^t}{E^0}-1\right)+\sum_{i=1}^{n}\left(e_i^t-\frac{E_i^t}{E_i^0}e_i^0\right)+\sum_{i=1}^{n}e_i^0\left(\frac{E_i^t}{E_i^0}-\frac{E^t}{E^0}\right) \quad (5\text{-}4)$$

となり，全国成長要因，差異シフト（地域特殊要因），比例シフト（産業構造要因）の3つの要因から地域経済の成長が説明されることがわかる．

（5-4）式の右辺第1項は，国民経済と同じ産業構成である場合に地域の成長を意味している．これに対して，右辺第2項は，地域の各産業の成長率と全国

表5-2 シフトの分解（浜松市）

	地域の雇用		全国の雇用		成長率		地域雇用の成長	シェア	シフト	
	2005 e_0	2010 e_t	2005 E_0	2010 E_t	地域 e_t/e_0	全国 E_t/E_0	e_t-e_0		差異	比例
農業	19,188	15,346	2,703,360	2,135,977	0.80	0.79	−3,842	−591	185	−3,436
林業	373	541	46,618	68,553	1.45	1.47	168	−11	−8	187
漁業	897	792	215,813	176,885	0.88	0.82	−105	−28	57	−134
鉱業	122	98	26,921	22,152	0.80	0.82	−24	−4	−2	−18
建設業	33,577	29,674	5,391,905	4,474,946	0.88	0.83	−3,903	−1,034	1,807	−4,676
製造業	122,947	107,515	10,646,362	9,626,184	0.87	0.90	−15,432	−3,787	−3,651	−7,994
電気・ガス・熱供給・水道業	1,114	1,248	279,799	284,473	1.12	1.02	134	−34	115	53
情報通信業	4,955	4,609	1,624,480	1,626,714	0.93	1.00	−346	−153	−353	159
運輸業	19,408	20,360	3,132,712	3,219,050	1.05	1.03	952	−598	417	1,133
卸売・小売業	72,104	65,228	11,018,413	9,804,290	0.90	0.89	−6,876	−2,221	1,069	−5,724
金融・保険業	7,667	7,830	1,537,830	1,512,975	1.02	0.98	163	−236	287	112
不動産業	3,959	5,661	859,635	1,113,768	1.43	1.30	1,702	−122	532	1,292
飲食店，宿泊業	18,981	21,895	3,223,451	3,423,208	1.15	1.06	2,914	−585	1,738	1,761
医療，福祉	31,608	37,190	5,353,261	6,127,782	1.18	1.14	5,582	−974	1,009	5,547
教育，学習支援業	16,999	16,947	2,702,160	2,635,120	1.00	0.98	−52	−524	370	102
複合サービス業	4,255	2,388	679,350	376,986	0.56	0.55	−1,867	−131	27	−1,763
サービス業	49,895	42,188	8,819,754	7,505,822	0.85	0.85	−7,707	−1,537	−274	−5,896
公務	9,344	10,715	2,098,148	2,016,128	1.15	0.96	1,371	−288	1,736	−77
分類不能の産業	6,394	9,348	1,146,001	3,460,298	1.46	3.02	2,954	−197	−9,958	13,109

（出所）総務省統計局『国勢調査報告』平成17年版，平成22年版より筆者作成．

レベルの同じ産業の成長率との間に地域間格差があることから生じる就業者の変化量を示している．これには，立地条件の良し悪し等，何らかの地域独自の要因が関係していると考えられる．右辺第3項は，地域の産業構成が全国レベルの産業構成と異なるために生じる就業者の変化量を示している．地域によっては，成長産業に特化している場合もあれば，停滞ないし衰退産業に特化している場合もあるが，前者の場合に第3項は正の値をとり，後者の場合は負の値をとる．

　表5-2は，浜松市のシフトを分解したものである．近年，浜松市の製造業は差異シフトで負値を示すようになった．近年浜松市といえば，日本楽器製造（1897），豊田自動織機製作所（1926），本田技研工業（1948）等，後に日本を代表する製造業が創業されてきた地域であるが，経済活動の上で転換点を迎えつつ

あると考えられる．

2 相対的シフト・シェア分析

地域間で異なる各要因の影響の大きさを比較可能にするためには，変化率で各要因を捉える必要がある．地域の成長率を求めるため(5-4)式の両辺を $\sum_{i=1}^{n} e_i^0$ で除すと，次の式が得られる．

$$\frac{\sum_{i=1}^{n} e_i^t - \sum_{i=1}^{n} e_i^0}{\sum_{i=1}^{n} e_i^0} = \left(\frac{E^t}{E^0} - 1\right) + \frac{\sum_{i=1}^{n}\left(e_i^t - \frac{E_i^t}{E_i^0} e_i^0\right)}{\sum_{i=1}^{n} e_i^0} + \frac{\sum_{i=1}^{n} e_i^0 \left(\frac{E_i^t}{E_i^0} - \frac{E^t}{E^0}\right)}{\sum_{i=1}^{n} e_i^0} \quad (5\text{-}5)$$

すなわち，

地域の成長率＝全国成長率＋相対的差異シフト(RS_d)＋
相対的比例シフト(RS_p)

という関係を得る．

(5-5)式にしたがって，静岡県内各地域の相対的シフト (relative shift) の内訳を分析した結果が**表5-3**である．国勢調査の産業大分類別の従業者数をデータとして，調査年の間隔に分けて求めた．市町村の区分は2010年9月現在のものを用いている．**表5-3**から，伊豆半島地域では，一貫して，差異シフトがマイナスであるが，観光関連を中心としたサービス産業に特化していることから，比例シフトがプラスである．これに対して，製造業へ特化している西部地域では，サービス経済化という全国動向に反しているために比例シフトが概ねマイナスであるものの，差異シフトがプラスに働いているために全国平均よりも高い成長率を示してきたことがわかる．また，全体を通して，地域経済の成長には，比例シフトよりも差異シフトの影響が大きい．

第5章　シフト・シェア分析　*91*

表5-3　静岡県内市町村のシフト

	1960〜65年		1965〜70年		1970〜75年		1975〜80年		1980〜85年		1985〜90年		1990〜95年		1995〜00年		2000〜05年		2005〜10年	
	RS_d	RS_p	RS_d	RS_p	RS_d	RS_p	RS_d	RS_p	RS_d	RS_p	RS_d	RS_p	RS_d	RS_p	RS_d	RS_p	RS_d	RS_p	RS_d	RS_p
熱海市	-0.123	0.105	-0.251	0.089	-0.140	0.099	-0.136	0.076	-0.094	0.042	-0.137	0.049	-0.121	0.053	-0.146	0.040	-0.146	0.040	-0.082	0.011
伊東市	-0.057	0.063	-0.064	0.053	-0.070	0.077	-0.051	0.061	-0.045	0.026	-0.001	0.031	-0.064	0.047	-0.088	0.030	-0.088	0.030	-0.019	-0.003
下田市	-0.287	0.070	0.042	0.008	-0.051	0.040	-0.130	0.041	-0.070	0.014	-0.037	0.013	-0.107	0.038	-0.107	0.020	-0.107	0.020	-0.023	-0.027
伊豆市	-0.159	0.025	-0.022	-0.029	-0.034	-0.016	-0.052	0.007	-0.036	0.005	-0.053	-0.003	-0.027	0.010	-0.066	0.007	-0.066	0.007	-0.056	-0.021
伊豆の国市	-0.277	0.067	0.031	0.008	-0.018	0.004	0.009	0.007	0.006	0.005	-0.053	-0.003	0.021	0.000	-0.010	-0.000	-0.010	-0.000	-0.007	-0.027
東伊豆町	-0.196	-0.055	-0.046	0.003	-0.067	0.038	-0.088	0.044	-0.026	0.019	0.022	0.022	-0.071	0.046	-0.109	0.030	-0.109	0.030	-0.058	-0.010
河津町	-0.053	-0.049	-0.008	-0.078	-0.018	-0.067	-0.045	-0.022	-0.003	-0.026	-0.050	0.022	-0.017	0.012	-0.000	-0.000	-0.000	-0.000	-0.010	-0.040
南伊豆町	-0.062	-0.019	-0.028	-0.078	-0.039	-0.039	-0.089	0.006	-0.046	-0.011	-0.033	-0.035	-0.067	0.020	-0.087	0.007	-0.087	0.007	-0.029	-0.044
松崎町	-0.097	-0.014	0.003	-0.079	-0.059	-0.034	-0.061	-0.004	-0.053	-0.012	-0.095	-0.020	-0.125	0.019	-0.082	0.010	-0.082	0.010	-0.033	-0.033
西伊豆町	-0.159	0.002	0.044	-0.069	-0.006	-0.028	-0.087	-0.004	-0.092	-0.017	-0.061	-0.018	-0.085	-0.001	-0.091	-0.004	-0.091	-0.004	-0.080	-0.029
沼津市	0.132	0.070	0.013	0.037	-0.043	0.030	-0.012	0.018	0.019	0.007	-0.088	0.005	-0.020	-0.008	-0.021	-0.010	-0.021	-0.010	0.008	-0.034
三島市	0.079	0.076	0.008	0.044	0.020	0.032	0.030	0.019	0.027	0.010	0.045	0.010	0.012	-0.000	0.018	-0.003	0.018	-0.003	0.032	-0.025
富士市	0.081	0.056	0.054	0.031	0.039	0.003	0.010	-0.003	0.015	0.005	0.033	0.001	0.032	-0.023	0.030	-0.020	0.030	-0.020	0.035	-0.031
富士宮市	-0.830	0.088	0.062	-0.005	0.051	-0.009	0.051	-0.003	0.011	0.001	0.033	-0.002	0.023	-0.018	0.025	-0.023	0.025	-0.023	0.043	-0.042
御殿場市	0.001	-0.011	0.097	0.004	0.051	0.023	0.091	0.009	0.075	0.001	0.059	-0.000	0.017	-0.006	0.055	-0.004	0.055	-0.004	0.097	-0.030
裾野市	-0.433	0.083	0.271	0.004	0.145	-0.012	0.091	0.005	0.075	0.010	0.077	0.007	0.025	-0.010	0.007	-0.010	0.007	-0.010	0.041	-0.043
小山町	-0.208	0.074	-0.082	0.032	-0.057	0.020	0.002	0.002	0.086	0.008	0.032	0.003	-0.089	-0.005	0.088	-0.001	0.088	-0.001	0.007	-0.037
長泉町	-0.400	0.107	0.123	0.035	0.008	0.003	0.020	-0.001	-0.075	0.006	0.002	0.004	0.026	-0.005	0.072	-0.018	0.072	-0.018	0.089	-0.034
清水町	-0.517	0.113	0.323	0.037	0.133	0.017	0.004	0.008	0.025	0.006	0.035	0.008	0.059	-0.005	0.024	-0.008	0.024	-0.008	0.044	-0.034
函南町	-0.306	0.031	0.169	-0.037	0.234	-0.032	0.215	-0.004	0.113	-0.001	0.085	0.001	0.065	-0.002	0.038	-0.005	0.038	-0.005	0.029	-0.039
静岡市	0.160	0.083	-0.001	0.038	-0.045	0.027	-0.037	0.013	-0.013	0.004	-0.005	0.004	-0.018	0.000	-0.012	-0.005	-0.012	-0.005	0.003	-0.012
焼津市	-0.047	0.001	0.056	-0.019	0.091	-0.011	0.076	-0.005	0.033	-0.003	0.033	-0.006	0.043	-0.020	0.033	-0.019	0.033	-0.019	0.040	-0.045
藤枝市	0.021	-0.031	0.122	-0.028	0.103	-0.034	0.103	-0.021	0.070	-0.010	0.082	-0.012	0.052	-0.018	0.045	-0.016	0.045	-0.016	0.027	-0.034
島田市	0.014	0.026	0.020	-0.009	0.005	-0.031	0.013	-0.023	-0.011	-0.014	0.002	-0.023	0.017	-0.031	0.022	-0.029	0.022	-0.029	0.025	-0.054
牧之原市	-0.161	-0.022	0.075	-0.070	0.047	-0.081	0.064	-0.057	0.028	-0.037	0.032	-0.053	0.036	-0.048	0.055	-0.042	0.055	-0.042	0.018	-0.062
吉田町	-0.222	0.034	0.051	-0.039	0.086	-0.032	0.072	-0.022	0.061	-0.012	0.077	-0.018	0.081	-0.043	0.062	-0.032	0.062	-0.032	0.090	-0.046
川根本町	-0.040	-0.065	0.015	-0.096	-0.019	-0.072	-0.026	-0.055	-0.049	-0.052	-0.026	-0.056	-0.051	-0.032	-0.077	-0.037	-0.077	-0.037	-0.049	-0.072
磐田市	-0.120	0.016	0.050	-0.016	0.067	-0.040	0.111	-0.024	0.036	-0.007	0.034	-0.015	0.057	-0.037	0.060	-0.028	0.060	-0.028	-0.009	-0.033
掛川市	-0.064	-0.050	0.063	-0.058	0.059	-0.071	0.055	-0.043	0.025	-0.021	0.032	-0.030	0.074	-0.038	0.090	-0.033	0.090	-0.033	0.011	-0.054
袋井市	0.125	-0.070	0.099	-0.066	0.078	-0.076	0.075	-0.047	0.031	-0.020	0.100	-0.028	0.104	-0.036	0.108	-0.029	0.108	-0.029	0.052	-0.047
御前崎市	-0.112	-0.057	0.103	-0.115	0.100	-0.104	0.101	-0.053	0.098	-0.037	0.004	-0.028	0.023	-0.027	0.066	-0.033	0.066	-0.033	0.031	-0.054
菊川市	-0.153	-0.031	0.087	-0.080	0.082	-0.096	0.061	-0.065	0.033	-0.050	0.081	-0.050	0.107	-0.048	0.076	-0.041	0.076	-0.041	0.011	-0.036
森町	-0.144	0.005	0.005	-0.051	0.004	-0.057	-0.000	-0.040	-0.033	-0.024	0.007	-0.032	0.012	-0.041	0.010	-0.034	0.010	-0.034	0.006	-0.062
浜松市	-0.011	0.040	0.018	0.009	-0.004	-0.008	0.008	-0.006	0.007	-0.001	-0.001	-0.006	0.036	-0.020	0.040	-0.015	0.040	-0.015	-0.012	-0.015
湖西市	-0.250	0.067	0.005	0.002	0.028	-0.034	0.066	-0.021	0.055	-0.001	0.023	-0.013	0.046	-0.052	0.028	-0.035	0.028	-0.035	0.022	-0.045

(出所) 総務省統計局『国勢調査報告』より筆者作成。

3　地域経済の機能

国民経済全体でみると成長産業があれば衰退産業もあり，また産業構成は地域ごとに異なっている．(5-4) 式における相対的シフトが正の値であるということは，その地域が全国平均以上の成長をしたということである．Dunn [1960] は差異シフトと比例シフトがシフト全体に与える影響を6つに区分したが，本章では Boudevill [1966] に従い**表5-4**の組み合わせを考える．

タイプ1～4の地域は全国平均以上の成長をしている地域であり，他方，タイプ5～8は全国平均以下の成長をしている地域である．タイプ5の地域の低い成長が地域要因に起因しているのに対して，タイプ6の地域の低い成長はその産業構成に起因する．衰退産業の占める割合が全国平均よりも大きいためにタイプ6の地域は経済構造が弱い．タイプ5では成長産業への特化がみられるものの，地域特有のインフラあるいは他の環境要因が経済成長にマイナスに働いていると考えられる．適切な経済政策を開発する上ではこうした違いを考慮すべきである．

Heijman and Schipper [2010] によれば，比例シフトがプラスに働いている地域は，外部経済，規模の経済，集積の経済といった条件を備え，核－周辺 (core-periphery) 理論で言うところの核に相当する地域である．シフトの分類を

表5-4　シフトの分類

タイプ	差異シフト	比例シフト		シフト
1	+	+	$|RS_d|<|RS_p|$	+
2	+	+	$|RS_d|>|RS_p|$	+
3	+	−	$|RS_d|>|RS_p|$	+
4	−	+	$|RS_d|<|RS_p|$	+
5	−	+	$|RS_d|>|RS_p|$	−
6	+	−	$|RS_d|<|RS_p|$	−
7	−	−	$|RS_d|>|RS_p|$	−
8	−	−	$|RS_d|<|RS_p|$	−

表5-5 静岡県内市町村の分類（1960〜2010年）

	1960〜65年	1965〜70年	1970〜75年	1975〜80年	1980〜85年	1985〜90年	1990〜95年	1995〜00年	2000〜05年	2005〜10年
熱海市	5	5	5	5	5	5	5	5	5	5
伊東市	4	5	4	5	5	4	5	5	5	7
下田市	5	2	5	5	5	5	5	5	7	8
伊豆市	7	8	7	5	5	7	5	5	8	7
伊豆の国市	5	2	5	2	2	2	3	7	6	8
東伊豆町	5	6	5	5	5	5	5	5	7	7
河津町	7	8	8	7	8	8	5	7	7	8
南伊豆町	7	8	8	5	7	7	5	5	7	8
松崎町	7	6	7	7	7	7	5	5	7	7
西伊豆町	6	6	8	7	7	7	7	7	7	7
沼津市	2	1	5	4	2	5	7	7	8	6
三島市	2	1	1	2	2	2	3	3	7	3
富士市	2	2	3	3	2	2	3	3	3	3
富士宮市	4	3	3	3	2	3	3	3	3	3
御殿場市	6	2	2	2	2	3	8	3	3	3
裾野市	5	3	3	2	2	2	3	3	8	6
小山町	5	5	5	5	5	5	7	7	7	6
長泉町	5	2	2	3	2	1	3	3	3	3
清水町	5	2	2	1	2	2	3	3	3	3
函南町	5	3	3	3	3	2	3	3	3	6
静岡市	2	4	5	5	5	5	5	7	8	6
焼津市	5	3	3	3	3	3	3	3	3	6
藤枝市	6	3	3	3	3	3	3	3	3	6
島田市	1	3	6	6	8	6	6	6	3	6
牧之原市	7	3	6	3	6	6	6	3	3	6
吉田町	5	3	3	3	3	3	3	3	3	3
川根本町	8	6	8	8	8	8	7	7	7	8
磐田市	5	3	3	3	3	3	3	3	3	8
掛川市	7	3	6	3	3	3	3	3	3	6
袋井市	3	3	3	3	3	3	3	3	3	3
御前崎市	7	6	6	3	3	6	6	3	6	6
菊川市	7	3	6	6	6	3	3	3	3	6
森町	5	6	6	8	7	6	6	6	6	6
浜松市	4	2	8	3	3	7	3	3	8	6
湖西市	5	2	6	3	3	3	6	6	6	6

（出所）総務省統計局『国勢調査報告』より筆者作成.

核‐周辺の枠組みに応用すると，タイプ1，2，4，5が経済成長の核（core）となる地域，タイプ7と8が周辺（periphery）の地域に相応する．タイプ3と6は核からの波及（spillover）効果を受ける地域である．核となる地域は比例シフトがプラスである．波及効果を受ける地域の比例シフトはマイナスだが，差異シフトがプラスの地域である．周辺地域はシフトを形成する2つの要因がともにマイナスである．

表5-5は，静岡県内市町村を，核となる地域，波及地域，周辺地域の3つに区分し，その変遷をみたものである．近年は経済活力が落ちたものの，観光関連産業を基盤産業とする伊豆半島地域では，伊豆半島最大の都市である伊東市と熱海市が核となって周囲を牽引してきた状況が伺える．東部地域の経済の中心であった沼津市と県の行政上の拠点である静岡市が，経済成長における核地域から周辺地域へとその性格を移してきたことは，製造業や商業での企業の撤退や人口減少が進む現状を考えると頷ける結果となっている．興味深いのは，

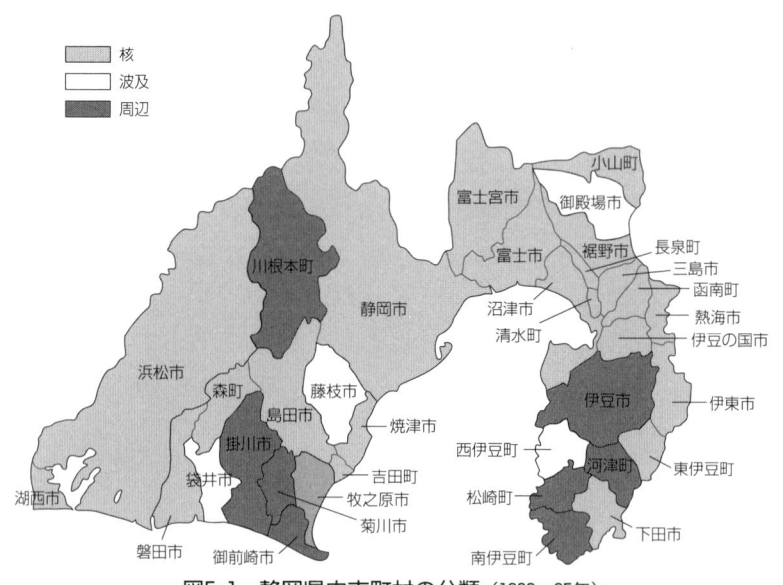

図5-1　静岡県内市町村の分類（1960～65年）

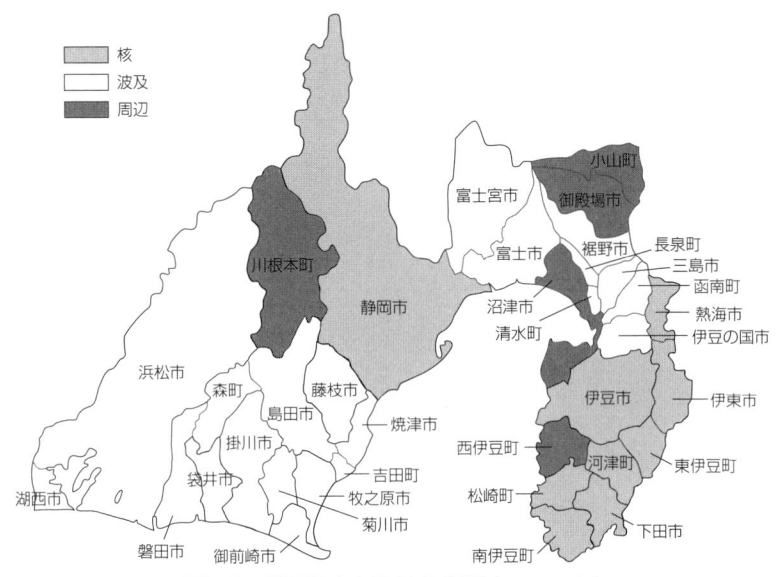

図5-2　静岡県内市町村の分類（1990〜95年）

工業都市である浜松市が，1970年代以降，核となる地域として機能していなかったことであるが，この点は機会を改めて研究してみたい．

図5-1は1960年代における各地域の分布状況を地図上に示してある．高度経済成長により活況あふれる製造業の拠点が静岡県内の各地にあったため，移出主導による経済成長の核となる地域が県内各地に存在していた．

図5-2は1990年代の分布状況を示している．比例シフトのマイナス値が差異シフトのプラス値を超えるようになり，経済成長の核となる地域が減少した．とりわけ，沼津市では中心市街地の小売業が低迷し，県内で最初に人口減少を経験することとなった．

4　全国動向との関連

前述のような変遷は，静岡県に特有のものだろうか．**表5-6**，**図5-3**，**図5-4**

表5-6　都道府県の分類 (1960～2010年)

	1960～65年	1965～70年	1970～75年	1975～80年	1980～85年	1985～90年	1990～95年	1995～00年	2000～05年	2005～10年
北海道	6	8	4	4	7	7	4	5	5	5
青森県	6	6	6	6	8	8	8	7	7	8
岩手県	8	6	6	6	8	8	8	7	7	8
宮城県	6	3	3	3	3	3	3	7	7	6
秋田県	8	6	6	6	8	8	7	7	7	8
山形県	8	6	6	6	8	8	8	7	8	8
福島県	8	6	6	6	8	8	8	7	8	8
茨城県	6	6	3	3	3	3	3	3	6	3
栃木県	6	3	3	3	3	3	6	3	3	6
群馬県	6	6	3	3	6	3	6	3	3	6
埼玉県	3	2	2	2	2	2	2	2	2	1
千葉県	3	3	3	3	2	2	2	1	2	4
東京都	4	5	5	5	4	5	5	5	5	4
神奈川県	2	2	1	1	2	2	1	4	2	5
新潟県	8	6	8	8	7	7	8	8	6	6
富山県	7	8	8	7	7	7	6	6	6	6
石川県	7	7	7	2	5	5	3	7	8	3
福井県	7	7	8	8	7	7	7	6	6	6
山梨県	7	6	6	6	3	6	3	3	6	8
長野県	8	6	6	6	6	8	6	3	6	6
岐阜県	7	8	8	3	7	7	6	3	3	6
静岡県	4	2	3	3	3	3	6	3	3	6
愛知県	1	4	2	1	1	2	3	3	3	3
三重県	8	8	8	8	3	6	3	8	3	3
滋賀県	8	6	6	3	3	3	3	3	3	3
京都府	4	5	5	5	5	5	5	5	4	4
大阪府	1	4	5	5	4	5	5	5	5	5
兵庫県	1	4	5	5	5	4	5	2	1	4
奈良県	5	3	2	2	2	2	2	4	5	5
和歌山県	7	7	7	7	7	7	6	7	7	7
鳥取県	8	6	6	6	7	7	8	6	7	8
島根県	8	8	8	6	7	7	7	8	7	6
岡山県	8	6	8	7	7	7	6	8	3	8
広島県	5	2	5	5	5	7	3	7	2	8
山口県	7	7	7	7	7	7	7	7	7	8
徳島県	7	6	8	6	7	7	7	7	5	7
香川県	7	6	8	8	7	7	6	8	7	8
愛媛県	8	8	8	6	7	7	8	8	7	6
高知県	8	8	8	6	7	7	7	7	7	7
福岡県	5	5	4	4	5	5	1	1	1	2
佐賀県	8	6	8	3	7	8	6	6	3	6
長崎県	7	8	7	8	7	7	5	7	5	6
熊本県	8	8	6	3	8	8	8	3	2	6
大分県	8	8	6	6	7	7	7	8	3	6
宮崎県	8	6	6	3	8	8	6	6	7	6
鹿児島県	8	8	6	3	8	7	8	3	4	6
沖縄県	—	—	2	2	3	2	4	2	2	3

(出所) 総務省統計局『国勢調査報告』より筆者作成.

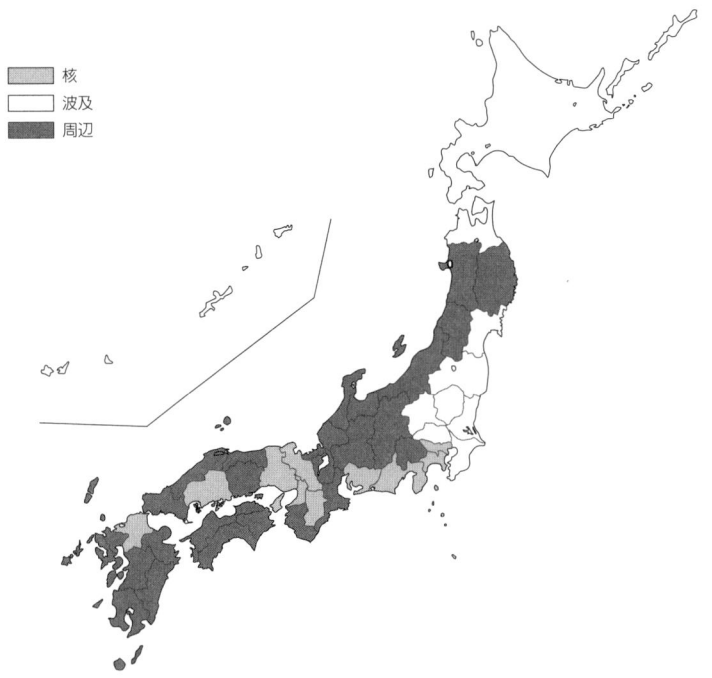

図5-3 都道府県の分類（1960～65年）

は，シフト・シェア分析を全国に適用した結果である．表5-6からわかるように，1960年代は関東，中部，近畿，中国，九州の5地方に経済成長の核となる地域が存在していた．関東地方では，東京都と神奈川県だけが核となる地域であったが，埼玉県と千葉県が順次それに加わることで，いわゆる東京圏が成立していく過程を見ることができる．

　東京圏の成立と逆行する形で中部地方では，まずは静岡県が核の役割を失い，しばらくして愛知県も核の役割から離れた．前項では，静岡県内から核となる地域が消えていくことを明らかにしたが，これは，日本の経済成長における中部地方の役割変化と関係があるのかもしれない．

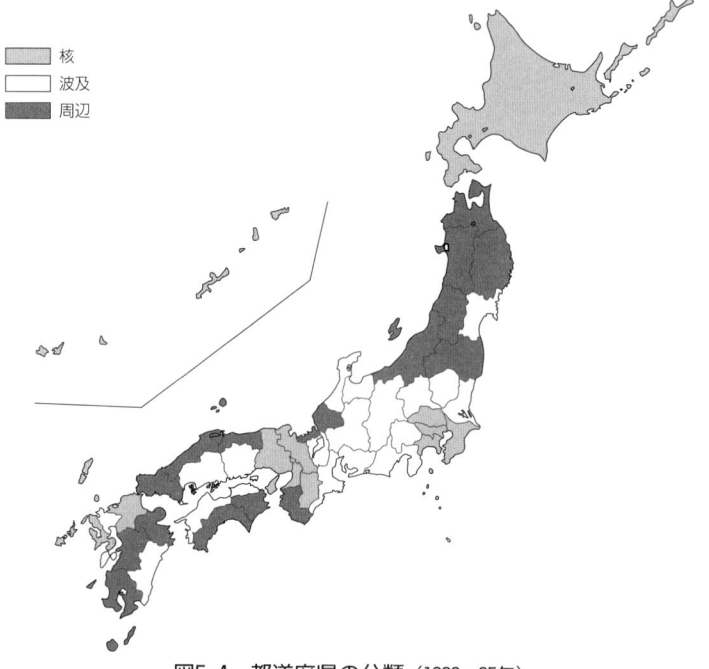

図5-4 都道府県の分類（1990〜95年）

おわりに
　　──静岡県の現在──

　静岡県の最新の動向は**図5-5**のようになる．静岡県を代表する製造業の集積地である浜松市が周辺地域に転落した．この期間は，本田技研工業㈱の浜松での二輪車生産撤退（2008年），ヤマハ㈱のグランドピアノ工場の浜松市から掛川市への移転（2009年）等の工場の撤退や移転が続いた．

　また，円高による輸出競争力の低下を避けるために工場の海外進出も盛んに行われている．危惧されるのは中華人民共和国（以下，中国）進出企業の動向だ

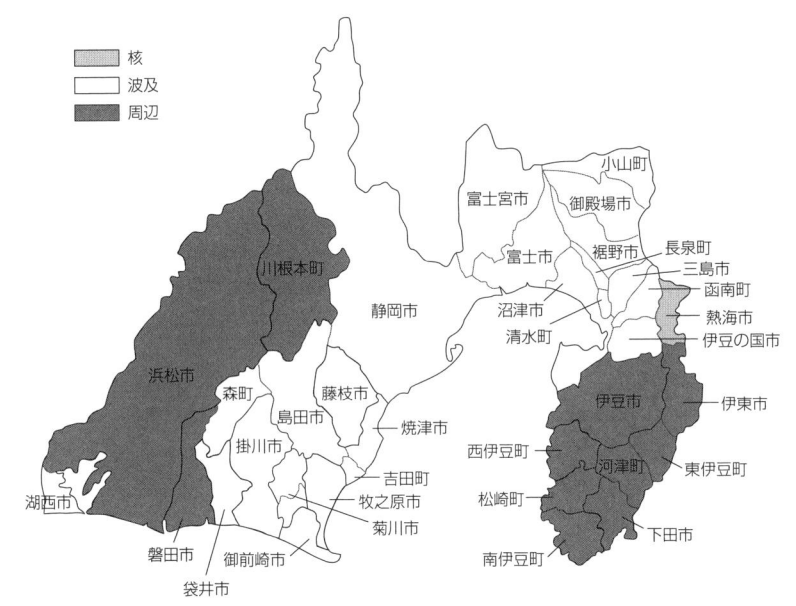

図5-5　静岡県内市町村の分類（2005〜10年）

ろう．交流協会や自治体の後押しもあり，静岡県の中小企業による海外進出とりわけ中国進出が盛んである．しかし，中国経済の急減速をきっかけにした中国進出企業の損失などが目立ちはじめた．中小企業への影響は地元経済にも波及する可能性が高く早急な対応が待たれる．

注

1) シフト・シェア分析による研究では，就業者数の他に，付加価値額や出荷額が用いられる場合がある．本研究は，地域人口と労働力との関係に注目しているため，就業者数を用いて分析を進めることにした．
2) 差異シフトは"differential effect"あるいは"composition effect"，比例シフトは"proportion effect"，"competition effect"あるいは"industry-mix effect"とも呼ばれる．

参考文献

太田勝［1982］「シフト・シェア分析とその適用」『香川大学経済論叢』55(1)．

小林伸生 [2004]「シフト・シェア分析による国内各地域の製造業の生産動向分析」『経済学論究』(関西学院大学経済学部), 57(4).

佐竹光彦 [1984]「シフト＝シェア分析の実証的研究」『経済学論叢』(同志社大学経済学会), 34(1・2).

Boudeville, J-R. [1966] *Problems of Regional Economic Planning*, Edinburgh: Edinburgh University Press.

Dunn, E. S. [1960] "A Statistical and Analytical Technique for Regional Analysis," *Papers and Proceedings of the Regional Science Association*, 6 (1).

Heijman, W. J. M. and R. A. Schipper [2010] *Space and Economics: An Introduction to Regional Economics*, Wageningen, Netherlands: Wageningen Academic Publishers.

第II部 応用編

ially
第6章
労働の域内移動

　本章では，国勢調査データの活用を通して，労働の地域内移動の分析における公的統計の活用と分析方法の枠組みを提供し，またその際に生じる問題点をいくつか指摘する．なお労働移動から見た地域間の相互依存関係を分析するための統計的方法については，特定の地域間における相互依存関係を局所的に分析する方法と，諸地域間の相互依存関係を総合的に分析する方法に区別することができる．そこで本章では，これらの方法を適用した例証として，労働移動の点から見た静岡県内の経済圏の分類を行い，各市町間における経済的相互依存関係の分析を試みる．

1　統計データ

　本章で取り上げる「労働移動」とは，統計学的には「就業者の常住地から従業地への移動」を意味する．したがって必要とされるデータは，「市町村間の就業者の流出・流入」である．このような統計情報は，公的統計以外に求めることはほぼ不可能である．しかも数ある公的統計の中で，個票ベースで就業者全数の移動先（勤務地所在地）情報が含まれているのは『国勢調査』だけである．そこで本章では，静岡県を分析事例としているため，「平成22年度国勢調査従業地・通学地集計結果その1（22静岡県）」に含まれている統計表をベースとして，先ず静岡県内における市町村間の就業者移動データを作成した．この国勢調査データには，「常住地による従業・通学市区町村，男女別15歳以上就業者

数及び15歳以上通学者数」という統計表が各市町村別に含まれており，これらを統合して次のようなデータ構造を有するデータ行列に編成した．ただし県外の労働移動は除いている．

今，任意の流出先（従業地）を i 市町村，流出元（常住地）を j 市町村とし，j 市町村の就業者のうち i 市町村への流出者数を f_{ij} とすると，労働力流出を示すデータ行列 $\mathbf{X}$ は (6-1) 式のように表記される．また市町村数は n であり，故にこのデータ行列は $n \times n$ 正方行列となる．

$$\mathbf{X} = \begin{bmatrix} f_{11} & f_{12} & \cdots & f_{1j} & \cdots & f_{1n} \\ f_{21} & f_{22} & \cdots & f_{2j} & \cdots & f_{2n} \\ \vdots & \vdots & & \vdots & & \vdots \\ f_{i1} & f_{i2} & \cdots & f_{ij} & \cdots & f_{in} \\ \vdots & \vdots & & \vdots & & \vdots \\ f_{n1} & f_{n2} & \cdots & f_{nj} & \cdots & f_{nn} \end{bmatrix} \tag{6-1}$$

このデータ構造から明らかなように，対角要素は各市町村の非流出就業者数を表しており，例えば，常住地が j 市町村の場合

$$F_{\cdot j} = \sum_{i=1}^{n} f_{ij} - f_{jj} \tag{6-2}$$

で定義される $F_{\cdot j}$ は，j 市町村から $n-1$ 市町村に流出している j 市町村在住の就業者総数を表している．また

$$F_{i\cdot} = \sum_{j=1}^{n} f_{ij} - f_{ii} \tag{6-3}$$

で定義される $F_{i\cdot}$ は，i 市町村を除いた $n-1$ 市町村から i 市町村へ流入している就業者総数を表している．したがって，(6-1) 式で定義されたデータ行列 $\mathbf{X}$ の転置行列 $\mathbf{X}^t$ は，流入元（常住地）を i 市町村，流入先（従業地）を j 市とする労働力流入を表すデータ行列になる．

2 局所的分析の方法
──移動率・移動選択指数・移動効果指数──

　一般に地域間の「労働移動」というのは「人の移動」という現象の一形態であり，労働の流出・流入は，人口の転出・転入移動と類似した性質を持っている．また人口移動の分析については，これまでさまざまな統計的分析方法が開発されており，したがってこれらの手法を「労働移動」の問題に拡張して応用することは比較的容易である[1]．そこで本節では，人口移動の分析で用いられてきたいくつかの方法を労働移動の局所的分析方法として応用し，静岡県内市町間における労働移動の例証を通じてその有効性を示す．

(1) モビリティ (mobility) の尺度としての移動率

　今，任意の労働移動先を i 市町村，移動元を j 市町村とするデータ行列 $\mathbf{X}$ において，M_{ij} を j 市町村から i 市町村への労働移動量（i 市町村への労働移動量）とし，$M_{\cdot j}$ を j 市町村の総労働移動量（自市町村への移動＝非移動を含む）とする．このとき j 市町村の移動率は，

$$m_{ij} = \frac{M_{ij}}{M_{\cdot j}} \times k \tag{6-4}$$

と定義される．ただし $i, j = 1, 2, \cdots n$ であり，定数 k は100か1000が一般に用いられる．この移動率は，2地域間における移動の相対的な作用力（モビリティ）を表す指標としてみなすことができ，労働移動や人口移動の最も基本的な統計量となる．

(2) 移動選択指数

　例えば，M_{ij} を j 市町村から i 市町村への労働流出量（i 市町村への労働流入量）とし，W_i を i 市町村の就業者数，W_j を j 市町村の就業者数，W を県の就業者

総数とする．ただし，この場合，このとき流出の移動選択指数は，以下のように定義される．

$$MO_{ij} = \frac{M_{ij}}{\frac{W_i}{W} \cdot \frac{W_j}{W} \cdot \sum_{i=1}^{n} \sum_{j=1}^{n} M_{ij}} \times k \qquad (6\text{-}5)$$

なお定数kは100が一般に用いられる．この移動選択指数とは，上式からもあきらかなように労働流出先（i市町村）と流出元（j市町村）との関係の強さ（大きさ）を，単に流出率の大きさだけで評価するのではなく，2市町村間の県内における就業者数の相対的な大きさを考慮して評価する指標である．具体的に述

表6-1 静岡市からの流出示す移動選択指数

市町村	指数	市町村	指数	市町村	指数
藤枝市	145.6	吉田町	70.9	熱海市	9.5
焼津市	145.0	島田市	52.4	森　町	8.4
富士市	105.4	沼津市	45.3	浜松市	6.2
		牧之原市	38.8	磐田市	6.2
		川根本町	31.9	伊豆の国市	5.0
		富士宮市	23.4	西伊豆町	3.8
		菊川市	22.5	御殿場市	3.6
		掛川市	18.3	函南町	3.2
		三島市	17.3	伊豆市	2.8
		長泉町	16.8	湖西市	2.0
		御前崎市	13.3	松崎町	1.9
		清水町	13.1	伊東市	1.8
		袋井市	12.8	下田市	1.2
		裾野市	11.3	小山町	1.1
				東伊豆町	0.3
				河津町	0.0
				南伊豆町	0.0

（出所）総務省統計局「平成22年度国勢調査 従業地・通学地集計結果その1（22静岡県）」より筆者作成（以下，表6-2～6-6，図6-1まで同じ）．

べると，(6-5)式の分母は，流出期待数（県内における2市町村の就業者数の相対的な大きさに対応した労働流出量）を示しており，分子は実際の労働流出量を示している．したがって，流出の移動選択指数が100を超える場合，j市町村からi市町村への労働流出量は，両市町村の就業者数の規模から期待される流出量より大きく，j市町村のi市町村に対する労働流出の選択性が高いと評価できる．

表6-1は，県外流出及び流出先不明の就業者を除いたデータを利用し，静岡市から各市町村への流出について選択性を示した結果であるが，これを見ると選択指数の数値が100を超える選択性の高い市町村，静岡市を境に東西に接する近隣市町村であることが確認できる（第1章の**図1-1**参照）．後節で見る総合的分析の結果からも言えることではあるが，人口移動とは異なり，労働移動は地理的な要因が強く影響する場合が多く，この計算結果からもそのような状況を読み取ることができよう．

(3) 移動効果指数

移動効果指数とは，i, j二地域間における移動の効果，すなわち流出量と流入量の偏りの大きさを示す統計指標で以下のように定義される．ただし定数kは1が一般に用いられる．

$$E_{ij} = \frac{|M_{ji} - M_{ij}|}{|M_{ji} + M_{ij}|} \times k \tag{6-6}$$

なおこの指標は，二国間の輸出入量の均衡状態を示す産業内貿易指数（グローベル・ロイド指数）とほぼ同じ算式で求められる．また上式の定義からも明らかなようにi, j二地域間の流出量と流入量が均衡しているときは0となり，逆に全く一方に偏っているとき1となる．なお前節と同じく静岡市と他の市町村との移動効果指数を求めてみると**表6-2**のような結果が得られる．

移動効果指数の評価について留意すべきことは，その数値があくまで流出・流入の均衡状態からの乖離を示す指標であり，流出・流入の過多もしくは過小を定量的に示す指標ではないということである．例えば，静岡市と選択性や交

表6-2 静岡市とその他の市町村との移動効果指数

市町村	指数	市町村	指数	市町村	指数	市町村	指数
河津町	1.00	磐田市	0.48	御殿場市	0.26	裾野市	0.06
南伊豆町	1.00	島田市	0.48	三島市	0.25	富士市	0.04
函南町	0.72	伊豆市	0.43	下田市	0.25	吉田町	0.03
東伊豆町	0.60	伊豆の国市	0.41	長泉町	0.23	川根本町	0.03
小山町	0.57	藤枝市	0.40	松崎町	0.20		
湖西市	0.50	焼津市	0.38	御前崎市	0.18		
		伊東市	0.37	沼津市	0.16		
		富士宮市	0.37	牧之原市	0.13		
		菊川市	0.35	西伊豆町	0.13		
		掛川市	0.35	熱海市	0.10		
		清水町	0.34				
		袋井市	0.33				
		浜松市	0.31				
		森町	0.30				

流率の高い焼津市，藤枝市について**表6-2**の計算結果を見てみると，いずれも0.5以下と低い数値となっており，静岡市との流出入が不均衡な状態にあることを示している．移動効果指数から理解できることはそこまでで，両市のこのような数値が静岡市への流出過多を反映した結果であることについては，実際のデータを照合しない限り判別不可能である[3]．したがって，移動効果指数の計算結果によって2地域間に流出もしくは流入の偏りが認められる場合は，元データを参照しながら，どちらの地域がどのような意味で（流出か流入か）偏りがあるのか，これらの点を精査する必要があろう．

3 総合的分析の方法
―――数量化Ⅳ類とクラスター分析―――

　本節で検討する問題は，各市区町村間の労働（総数）の流出・流入において各市町間の親近性（依存度）を計測し，親近性のある市町村をグループ別けすることによって，相互依存関係の強い市町村からなる経済圏を総合的に分類することである．この目的のため，数量化Ⅳ類を適用して親近性の「近さ」を2次元の座標軸でスケーリングし，さらに，分析によって求めた第1及び第2固有ベクトルの各要素（各市町村に対応する数量化スコア）をクラスター分析によっていくつかのクラスターに分類する．そこでまず，分析の手順の概略を述べておこう．

　数量化Ⅳ類とは，林知己夫によって開発された外的基準のない多変量データ解析の方法であり，数学的には計量的多次元尺度構成法の一つであるとみなすことができる．いま，n 個の対象において任意の対象 i と j の間の親近性（依存度）を表す指標を e_{ij} とする．ただし $i, j=1, 2, \cdots n, i \neq j$ であり，$e_{ij}, (i=j)$ は考慮されない．また e_{ij} は正負の値をとり得るどのような統計量であってもよいが，e_{ij} が大きいほど親近性が高く，逆に小さいほど親近性が低くなるよう定義されなければならない．ここで対象 i についてある未知量 x_i を付与し

$$Q = -\sum_{i}^{n}\sum_{j}^{n} e_{ij}(x_i - x_j)^2 \quad (i \neq j) \tag{6-7}$$

を，平均 $\dfrac{\sum_{i}^{n} x_i}{n}=0$，分散 $\dfrac{\sum_{i}^{n} x_i^2}{n}=1$ の下で最大化する $x_i, (i=1, 2, \cdots n)$ を求める．その結果得られた固有ベクトル **x** を対象 i の座標軸とし，この尺度に基づく座標値（数量化スコア）$x_i, (i=1, 2, \cdots n)$ によって対象間の相互依存関係を把握することが数量化Ⅳ類の目的である．つまりこれは，親近性の尺度で測られた数値を n 次元ユークリッド空間における点とみなし，各点の距離から見た分布特

性，つまり類似した対象間の距離は近く，類似していない対象間の距離は遠くに布置するような特性を，固有ベクトルで尺度化された1次元もしくは2次元の座標軸から把握することを意味する．

本章の課題である労働の流出・流入の問題にしたがって具体的に見ていこう．言うまでもなく，この分析の出発点になるのは，親近性を示す統計量の定義である．これについては，前述の条件さえ満足させることができればどのような統計量であってもよい．おもなものを示せば次のとおりである．

いま，(6-1) 式で定義しておいたように，任意の流出先を i 市町村，流出元 (常住地) を j 市町村とするデータ行列 $\mathbf{X}$ において，TO_{ij} を j 市町村から i 市町村への労働流出量（i 市町村への労働流入量）とし，$TO_{.j}$ を j 市町村の総労働流出量（自市町村への流出＝非流出を含む）とする．ただし $i, j = 1, 2, \cdots n$ である．ここで

$$SO_{ij} = \frac{TO_{ij}}{TO_{.j}} \tag{6-8}$$

は，前節でも見たように j 市町村から i 市町村への移動率（流出率）を意味するが，本節では，j 市町村が i 市町村に依存している割合として依存度と呼ぶことにする．この依存度を利用して，流出の親近性を以下のように定義する．

$$e_{ij} = \frac{(SO_{ij} + SO_{ji})}{2} \tag{6-9}$$

同様に流入についても，データ行列の転置行列 $\mathbf{X}^t$ に基づき，流入元を i 市町村，流入先（従業地）を j 市として，TI_{ij} を i 市町村から j 市町村への労働流入量（j 市町村への労働流出量），$TI_{.j}$ を j 市町村の総労働流入量（自市町村への流入＝非流入を含む）とする．ただし $i, j = 1, 2, \cdots n$ である．このとき

$$SI_{ij} = \frac{TI_{ij}}{TI_{.j}} \tag{6-10}$$

を j 市町村が i 市町村に依存している依存度とし，流出の場合と同じく流入の親近性を下のように定義する．

$$e_{ij} = \frac{(SI_{ij} + SI_{ji})}{2} \tag{6-11}$$

この2つの統計量が親近性を表す尺度の基本となるが，例えば j 市町村から i 市町村への流出は，i 市町村から見れば j 市町村から i 市町村への流入であるという相互依存関係を重視し，流出量 SO_{ij} をベースにした親近性を

$$e_{ij}(1) = \frac{(SO_{ij} + SI_{ji})}{2} \tag{6-12}$$

とし，逆に流入量 SI_{ij} ベースにした親近性を

$$e_{ij}(2) = \frac{(SI_{ij} + SO_{ji})}{2} \tag{6-13}$$

と定義することもできる．また前節で取り上げた (6-5) 式の移動選択指数を親近性の尺度とみなすことも可能である．この場合，例えば，M_{ij} を j 市町村から i 市町村への労働流出量（i 市町村への労働流入量）とし，M_i を i 市町村の就業者総数，M_j を j 市町村の就業者総数，M を県の就業者総数として，流出の移動選択指数 MO_{ij} と流入の移動選択指数 MI_{ij} を求め，移動選択指数による親近性の尺度を

$$e_{ij}(3) = \frac{(MO_{ij} + MI_{ij})}{2} \tag{6-14}$$

として定義することもできる．

数量化Ⅳ類による分析方法の概要は以上であるが，これによって，第1固有ベクトル $\mathbf{x}_1$ と第2固有ベクトル $\mathbf{x}_2$ を求め，さらにこれら固有ベクトルの各要素（数量化スコア）を観測値とみなしてクラスター分析を行い，親近性のある市町村グループを分類することが最終的な分析目標となる．なおすでに見たように，数量化Ⅳ類で利用する近親性の尺度はいく通りも定義することは可能であるが，その多義性が影響して最終的な分析結果も利用する親近性の尺度次第で相違することは留意しておかなければならない．

4 静岡県における分析事例

本節では，前節で述べた統計的方法を静岡県のデータ（2010年国勢調査）に適用した結果とその分析結果の評価方法を具体的に示す．その際，前節と同じく局所的分析と総合的分析を区別して検討する．

局所的分析については，静岡県内の各市町間の労働移動における相互関係を見ていく．また，総合的分析については，静岡県における経済圏の分類を取り上げる．一般に静岡県の内における経済圏は，県の『総合計画』でも採用されているように，「伊豆」，「東部」，「中部」，「志太榛原・中東遠」，「西部」の5地域に分類される（巻頭の地図参照）．しかしながら，県内地域経済の特性をより的確に分析にするには，経済圏や文化圏の異なる志太榛原・中東遠をさらに分離し6地域に区分する方が，実態を反映するという意味で有効である場合も多い（表6-3参照）．そこで行政が採用している5地域，あるいは6地域分類が静岡経済の実態を反映しているかどうかを，特に労働移動という点から国勢調査のデータを使用して検証する．

表6-3 静岡県の地域分類

地域名		地域コード	市　　　町				
伊　　豆		1	熱海市 東伊豆町	伊東市 河津町	下田市 南伊豆町	伊豆市 松崎町	伊豆の国市 西伊豆町
東　　部		2	沼津市 裾野市	三島市 小山町	富士市 長泉町	富士宮市 清水町	御殿場市 函南町
中　　部		3	静岡市				
志太榛原 ・中東遠	志太榛原	4	焼津市 吉田町	藤枝市	島田市	牧之原市	川根本町
	中東遠	5	御前崎市 森　町	菊川市	掛川市	袋井市	磐田市
西　　部		6	浜松市	湖西市			

(1) 局所的分析──静岡6地域における全産業労働力の流出・流入の特徴──

　前節で静岡市を対象に移動選択指数および移動効果指数について検討したので，ここでは各市町村における流出率および流入率を簡単に概観しておこう．**表6-4**は，静岡県内各市町において，流出率並びに流入率が第1位の市町を表記したものである．なお10%を超えた第2位の流出先もしくは流入先がある場合は，併せて該当する市町村を掲げてある．この表から直ちに理解できることは，局所的に見た場合，労働力の流出入は直近の市町間において相互依存関係が成立していることである．つまりこの限りでは，静岡6地域もしくは5地域内の相互依存関係を傍証できる．ただし都市の人口規模を考慮していないため，規模が小さい市町では移動量が少なくても比較的大きな流出入率の値が示され，逆に規模が大きい都市では，移動量が多くても比較的小さな流出入率の値が示されることに留意しなければならない．

　次に**表6-3**で示された静岡6地域分類を前提として，これらの各地域間における労働移動を県全体の移動量と比較するため，流出と流入の特化係数を検討してみよう．その際，特化係数計算の基礎になる流出率もしくは流入率とは，任意の流出元を i 地域としたとき，(6-4)式で定義されたる流出もしくは流入の移動率を意味する．また比較の対象となる静岡県全体における流出率もしくは流入率は，県内移動のみを考慮していることから，流出数＝流入数＝移動量となるため等価である．[5]

　このようにして求められた特化係数の結果を示したのが**表6-5**である．特に注目すべき点は，志太榛原地域と中東遠地域の数値である．これらの地域は，他の地域に比べて特化係数の数値が流出，流入ともに高く労働の移動が多い地域であると考えらえる．また両地域とその周辺地域との地理的及び経済的な関係を考慮すると，志太榛原地域は中部地域に対して，中東遠地域は西部地域に対して，それぞれ強い相互依存関係を有していると推測できる．そこでこのような志太榛原及び中東遠の地域特性を念頭に置きながら，静岡5地域もしくは6地域分類の妥当性を検証した結果を次に示す．

表6-4 静岡県内各市町における流出率と流入率

常住地	流出率 自市町	第1流出先		第2流出先		従業地 自市町	流入率 第1流入先		第2流入先	
静岡市	93.4%	富士市	1.6%	焼津市	1.3%	88.9%	藤枝市	2.8%	焼津市	2.8%
浜松市	90.6%	磐田市	4.8%	湖西市	2.2%	91.8%	磐田市	4.3%	湖西市	1.2%
沼津市	75.1%	三島市	4.4%	富士市	4.3%	66.3%	三島市	7.0%	富士市	6.0%
熱海市	89.6%	伊東市	3.0%	沼津市	2.2%	78.7%	伊東市	8.1%	函南町	3.5%
三島市	52.8%	沼津市	14.9%	長泉町	6.5%	57.5%	沼津市	9.1%	函南町	8.1%
富士宮市	73.9%	富士市	21.0%	静岡市	2.2%	82.9%	富士市	14.6%	静岡市	1.1%
伊東市	88.2%	熱海市	4.7%	伊豆市	1.4%	90.9%	東伊豆町	2.9%	熱海市	1.5%
島田市	64.3%	藤枝市	8.2%	静岡市	6.4%	73.0%	藤枝市	9.5%	焼津市	5.0%
富士市	80.5%	富士宮市	6.8%	沼津市	5.4%	79.1%	富士宮市	10.7%	静岡市	4.5%
磐田市	66.7%	浜松市	19.3%	袋井市	8.0%	63.6%	浜松市	21.1%	袋井市	8.5%
焼津市	62.7%	静岡市	14.2%	藤枝市	12.6%	67.9%	藤枝市	17.1%	静岡市	6.8%
掛川市	66.9%	袋井市	8.2%	菊川市	6.2%	64.9%	菊川市	8.8%	袋井市	7.4%
藤枝市	55.7%	焼津市	16.0%	静岡市	14.6%	66.5%	焼津市	15.2%	静岡市	7.6%
御殿場市	74.7%	裾野市	9.6%	小山町	8.4%	74.8%	御殿場市	7.7%	小山町	6.6%
袋井市	55.0%	磐田市	17.6%	掛川市	10.7%	55.6%	磐田市	16.0%	掛川市	11.5%
下田市	84.5%	南伊豆町	5.5%	河津町	3.1%	80.9%	南伊豆町	7.7%	河津町	3.5%
裾野市	59.9%	御殿場市	13.0%	沼津市	10.4%	51.8%	御殿場市	14.1%	三島市	9.8%
湖西市	82.0%	浜松市	16.5%	磐田市	0.8%	71.3%	浜松市	26.8%	磐田市	0.9%
伊豆市	67.3%	伊豆の国市	13.9%	三島市	5.9%	75.2%	伊豆の国市	11.2%	伊東市	2.9%
御前崎市	65.2%	掛川市	11.8%	牧之原市	9.7%	68.3%	掛川市	9.5%	掛川市	8.0%
菊川市	56.2%	掛川市	21.7%	御前崎市	5.1%	62.2%	掛川市	16.4%	御前崎市	5.9%
伊豆の国市	56.6%	三島市	11.5%	沼津市	10.2%	61.8%	伊豆市	10.7%	三島市	7.7%
牧之原市	67.2%	吉田町	8.1%	御前崎市	6.2%	60.1%	吉田町	8.6%	島田市	7.1%
東伊豆町	77.5%	伊東市	12.7%	下田市	4.1%	80.5%	河津町	7.0%	伊東市	6.5%
河津町	67.4%	東伊豆町	11.9%	下田市	11.1%	77.7%	下田市	10.6%	東伊豆町	7.3%
南伊豆町	72.9%	下田市	22.1%	河津町	1.0%	79.3%	下田市	16.6%	河津町	1.3%
松崎町	68.0%	西伊豆町	19.1%	下田市	7.8%	79.9%	西伊豆町	13.4%	下田市	3.3%
西伊豆町	78.8%	松崎町	9.6%	伊豆市	4.9%	78.0%	松崎町	15.9%	伊豆市	2.1%
函南町	38.4%	三島市	21.4%	沼津市	12.6%	58.4%	三島市	15.5%	伊豆の国市	10.6%
清水町	38.2%	沼津市	29.0%	三島市	14.0%	37.8%	沼津市	21.7%	三島市	17.4%
長泉町	41.5%	沼津市	20.1%	三島市	11.7%	41.4%	御殿場市	17.1%	沼津市	15.6%
小山町	62.3%	御殿場市	29.3%	裾野市	4.6%	58.7%	焼津市	35.2%	牧之原市	2.6%
吉田町	54.7%	牧之原市	16.4%	焼津市	9.1%	48.2%	島田市	12.8%	牧之原市	12.2%
川根本町	80.5%	島田市	13.8%	藤枝市	1.6%	87.6%	島田市	8.5%	静岡市	1.5%
森 町	48.9%	袋井市	19.7%	磐田市	12.4%	50.1%	袋井市	17.6%	掛川市	11.9%

表6-5 静岡県の地域別労働移動の特化係数

地域名		地域コード	特化係数	
			流 出	流 入
伊 豆		1	1.03	0.93
東 部		2	1.36	1.37
中 部		3	0.28	0.48
志太榛原・中東遠	志太榛原	4	1.68	1.46
	中東遠	5	1.61	1.64
西 部		6	0.43	0.43

(2) 総合的分析――静岡6地域の統計的検証――

ここでは，数量化Ⅳ類を利用して静岡県内の経済圏を分類するが，(6-12)式の統計量（流出入）$e_{ij}(1)$による試算によって得られた結果のみを示すこととする．

表6-6は，6つのクラスターに分類した場合と5つのクラスターに分類した場合が示されている．なおクラスター分析については，クラスター内の個体間距離やクラスター間の距離を測る尺度によってさまざまな手法があるが，本節では，凝集型階層的クラスタリング法の代表的な手法の一つであり，クラスター内の個体間距離を平方誤差基準で測る Ward 法を採用した．[6]

この結果を見ると，**表6-3**で示された地域分類と完全には一致していない．いくつかの特徴を具体的に述べると，志太榛原地域と中東遠地域が静岡市を中心とする中部地域と浜松市を中心とする西部地域に分断され，少なくとも労働の流出入という点では自立した経済圏を確立していないことが推察できる．これは，**表6-5**で見たように，志太榛原地域と中東遠地域では労働移動の特化係数が高く，相対的に地域外への労働移動が多くて地域内での労働移動が少ないという結果と合致している．前節の局所的分析でも指摘しておいたように，これらの地域では，志太榛原地域の市町が中部地域の市町，中東遠地域の市町が西部地域の市町と相互依存関係を結んでいることが改めて確認できよう．

表6-6 クラスター分析による数量化スコアの分類

| _____6 分 類_____ ||| _____5 分 類_____ |||
市　町	クラスター	地域コード	市　町	クラスター	地域コード
静岡市	1	3	静岡市	1	3
島田市	1	4	島田市	1	4
焼津市	1	4	焼津市	1	4
藤枝市	1	4	藤枝市	1	4
牧之原市	1	4	牧之原市	1	4
吉田町	1	4	吉田町	1	4
川根本町	1	4	川根本町	1	4
浜松市	2	6	浜松市	2	6
磐田市	2	5	磐田市	2	5
掛川市	2	5	掛川市	2	5
袋井市	2	5	袋井市	2	5
湖西市	2	6	湖西市	2	6
御前崎市	2	5	御前崎市	2	5
菊川市	2	5	菊川市	2	5
森　町	2	5	森　町	2	5
沼津市	3	2	沼津市	3	2
三島市	3	2	三島市	3	2
富士宮市	3	2	富士宮市	3	2
富士市	3	2	富士市	3	2
御殿場市	3	2	御殿場市	3	2
裾野市	3	2	裾野市	3	2
伊豆の国市	3	1	伊豆の国市	3	1
函南町	3	2	函南町	3	2
清水町	3	2	清水町	3	2
長泉町	3	2	長泉町	3	2
小山町	3	2	小山町	3	2
熱海市	4	1	熱海市	4	1
伊豆市	4	1	伊東市	4	1
伊東市	5	1	伊豆市	4	1
下田市	6	1	下田市	5	1
東伊豆町	6	1	東伊豆町	5	1
河津町	6	1	河津町	5	1
南伊豆町	6	1	南伊豆町	5	1
松崎町	6	1	松崎町	5	1
西伊豆町	6	1	西伊豆町	5	1

第6章　労働の域内移動　117

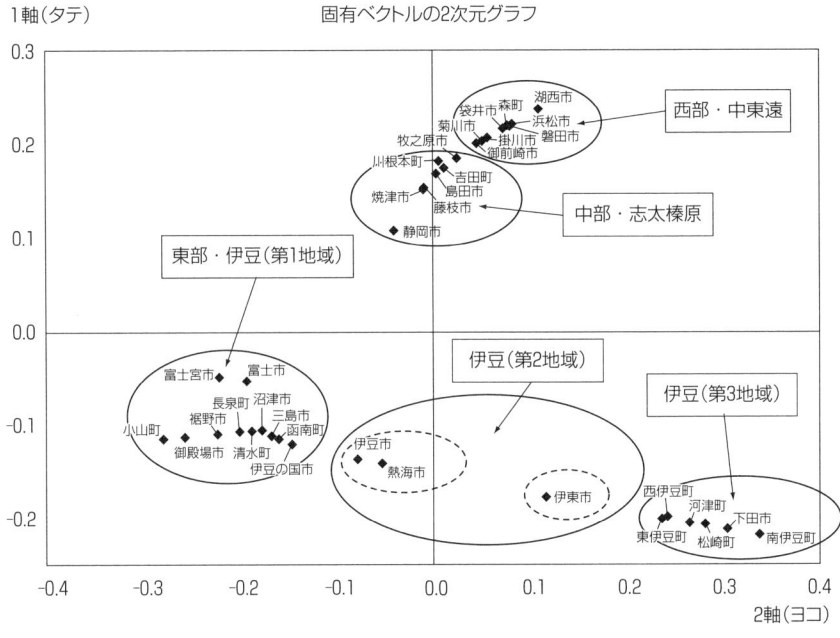

図6-1　数量化スコアの散布図

　第2の特徴として，伊豆地域が3つの経済圏に分離していることがあげられる．東部の経済圏に含まれた伊豆の国市，伊豆地域中・東部の熱海市，伊東市，伊豆市，それ以外の南伊豆地域に分離され，伊豆地域全体で一つの経済圏を形成していないことがこの結果から明らかになっている．

　以上のような特徴を視覚的に示したのが**図6-1**である．この図は，統計量 $e_{ij}(1)$ に基づいて計算された数量化スコアの散布図であり，クラスター分析によって5分類された経済圏が実線で，また6分類の経済圏が「伊豆（第2地域）」を2分割した経済圏が点線で示されている．図中の第1固有ベクトル（1軸）と第2固有ベクトルは（2軸）は，「第1章」の**図1-1**と重ね合わせると明らかなように，静岡県の地理情報を反映する結果となっている．即ち，第1固有ベクトルが東西の地理的条件を第2ベクトルが南北の地理的条件を表してい

る．言うまでもなく，労働移動は通勤距離，つまり通勤の時間とコストが大きく作用しているはずで，市町村間の労働移動に関する相互依存関係についてもまたそれが影響していると考えられる．今回の数量化Ⅳ類による分析は，それが明瞭に示されることになった．

これまでの議論から明らかなように，労働力の流出入から見た数量化Ⅳ類による6地域（5地域）の分類は，表6-3で示されている市町村グループと厳密には一致しない．繰り返しになるが，おもな相違点は次の2点に要約できる．第1に，志太榛原地域及び中東遠地域が各々中部地域と西部地域に吸収され，自立した経済圏を形成していないことである．第2に伊豆地域が，東部地域に含まれる市町，伊豆東部の市町，伊豆南部の市町を中心とした経済圏を分離されていることである．こうした結果は従来の定説とは異なっており，データから新たな知見を見出す方法論を本章では示すことができたと言えよう．しかしながら今後さらに取り組むべき課題も残されている．そこで最後にそれらの一つを指摘して本章の結びとしよう．

問題は分析結果の時系列化である．言うまでもなくこれらの分析結果は，使用したデータが2010年の国勢調査データであることからこの時点での現状が反映されており，当然のことながら過去も同一の結果が得られるとは言いがたい．例えば，2005年の国勢調査データを利用した場合は，今回の結果と多少異なる分類結果が示されている[7]．また将来における就業者人口の変化に伴い，このような分類結果がどのように変化していくか，こうした将来予測の点についても，本章で扱った多変量データ解析による分析では十分な対応ができない．つまりこれは，本章で試みた分析があくまで静態的な分析に留まっていることを意味しており，結局それは方法論の問題に帰着する．本章で試みた数量化Ⅳ類やクラスター分析だけではなく，一般に多変量データ解析の方法は静態的分析を前提としている手法が多く，こうした方法論の動学化は，今後の検討されるべき課題であることを指摘しておきたい．

注

1) 人口移動の分析については，大友［2002］を参照のこと．
2) 人口移動の場合，県内人口が W に相当する．
3) 焼津市の場合，静岡市からの流入数は4482人，静岡市への流出数は1万66人，藤枝市の場合，静岡市からの流入数は4455人，静岡市への流出数は1万274人となっている．
4) 静岡県『静岡県総合計画——富国有徳の理想郷"ふじのくに"のグランドデザイン——基本計画（平成22年度～25年度）』2011年（https://www.pref.shizuoka.jp/kikaku/ki-220/documents/keikaku-fujinokuni-h2302_1.pdf，2015年9月20日閲覧）．
5) 特化係数については本書第3章を参照のこと．
6) クラスター分析については齋藤・宿久［2006］を参照のこと．
7) 例えば上藤［2013］を参照のこと．

参考文献

大友篤［2002］『地域人口分析の方法——国勢調査データの利用の仕方——』日本統計協会．

上藤一郎［2013］「労働力移動から見た地域経済圏の統計的分類——オーダーメード集計データを用いた静岡県の分析事例——」『龍谷大学経済学論集』52(3)．

上藤一郎・浅利一郎・山下隆之・高瀬浩二［2012］「地域別経済指標に基づく静岡SDモデルの開発——地域統計データによる地域経済圏の統計的分析——」『地域研究』（静岡大学），3．

岸野洋久［1981］「依存関係によるソシオグラムの構成」『統計数理研究所彙報』29(1)．

齋藤堯幸・宿久洋［2006］『関連性データの解析法——多次元尺度構成法とクラスター分析——』共立出版．

馬場康維［2000］「地域間移動——人口移動——」，松田芳郎・垂水共之・近藤健文編『ミクロ統計分析——地域社会経済の構造——』日本評論社．

森博美［2009］「国勢調査による従業地把握の展開と従業地別就業データの意義」『法政大学オケージョナル・ペーパー』17．

山下隆之・上藤一郎・高瀬浩二［2011］「静岡県内市町村の相互依存関係に関する研究」『経済研究』（静岡大学），15(4)．

山下隆之・上藤一郎［2011］「地域経済内の相互依存性に関する研究——静岡県を事例として——」『日本経済政策学会中部部会OnLineワーキングペーパー』2（http://www.soec.nagoya-u.ac.jp/jepa/，2015年12月24日閲覧）．

第7章
人口の社会移動分析

　地域の人口の変動要因には，地域内での出生・死亡による自然増減と，住民の地域間での転入・転出（社会移動）による社会増減があるが，特に，社会増減は，生産年齢人口の増減に直結するだけでなく，若年層の女性の増減は次の世代の出生数に結びつくだけに地域の人口問題において重要な意味を持つ．このうち自然増減は，今日の日本では疫病の流行や大災害等でもない限り大きな地域差は考えられないが，社会移動の中でも特に若年層など特定世代の動向は，地域特有の社会・経済状況から大きな影響を受け，地域差が大きい．

　この章では，この社会移動について，住民基本台帳等の人口移動データを用いて，全国レベル（都道府県間）での状況や静岡県をケーススタディとした地域レベルの特徴とその要因を分析する．

　地域間の人口移動の原因については，経済学的には労働人口の移動として捉え，賃金が伸縮的ならば，労働者が賃金の低い地域から高い地域に移動することにより地域間の賃金が同じ水準になるという「所得（賃金）格差モデル」や，賃金が伸縮的でないならば，賃金よりも，就業機会の格差（地域の失業率の差）に依存するという，「就業機会格差モデル」が提案されている．さらに現在，より広く受け入れられている理論として，「人的資本モデル」がある．それは，移動することで将来にわたって得られると期待される便益と移動に要する費用（いずれも非金銭的なものを含む）を比較して移動を現在価値にして決定するというもので，例えば，便益は移動先で得られる賃金やアメニティを，費用は友人やコミュニティと離れることなどである．これによれば，社会移動の原因とし

て経済，社会，文化的なものを考慮でき，また，現在価値になおすという時間的要素を取り入れることにより，移動する主体が高年齢層よりも若者層であること，また，高学歴者，熟練労働者，専門職従事者ほど移動性向が高いことが説明できる［山田・徳岡 2007：104-105］．

　また，地域間の移動人数を移動元と移動先の間の移動要因と距離によって説明するモデルの一つとして，グラビティモデル（重力モデル）が知られている．その名のとおり，ニュートンの万有引力の法則（逆二乗の法則）を地域間の相互作用分析に応用したもので，地域 i と地域 j の間の移動者数 F_{ij} を以下のように定義するモデルである．

$$F_{ij} = \frac{M_i M_j}{D_{ij}^\alpha} \cdot G \tag{7-1}$$

ここで，M_i, M_j はそれぞれの地域の人口移動の原因となる経済的な規模であり，D_{ij} は2地域間の距離，G は定数である．このモデルは，人口移動がそれぞれの地域間の経済規模や格差などの要因に比例し，逆に距離によってその影響は減衰していくことを示している．しかし，地域間に作用する相互作用（移動者数）は，本来の重力モデルのように，α を2，k を万有引力定数として説明することは難しいので，これらの定数をデータから推定することになる．そのため上式のモデルを以下のように対数変換して変形する．

$$\log\left(\frac{F_{ij}}{M_i M_j}\right) = \log G - \alpha \log D_{ij} \tag{7-2}$$

さらに，$Y = \log(F_{ij}/M_i M_j)$, $X = \log D_{ij}$, $k = \log G$ と置けば，

$$Y = k + \alpha X \tag{7-3}$$

となるので，最小二乗法によってデータから α と k を容易に推定することが可能となる［大友 1997：155-158］．

1 全国規模での社会移動の状況

(1) 日本の人口移動の長期的推移 (1954〜2014年)

住民基本台帳の市区町村間, 都道府県内, 都道府県間の移動者数はほぼ同じ傾向で推移している. すなわち1960 (昭和35) 年頃から1973 (昭和48) 年の第一次オイルショック直前までの高度成長期に移動数が増加し, その後現在に至るまでほぼ一貫して減少傾向にある (図7-1).

バブル景気時の1990 (平成2) 年前後に一旦移動者数が上昇する小さなピークがあり, その後は減少している. 特に市区町村移動数は, 2003年から2005年にピークを迎えた市町村合併[1]という制度的な理由による減少が大きいといえる.

2014年の都道府県間移動率は1.80％と前年に比べ0.03ポイント低下し, 過去最低を更新した.

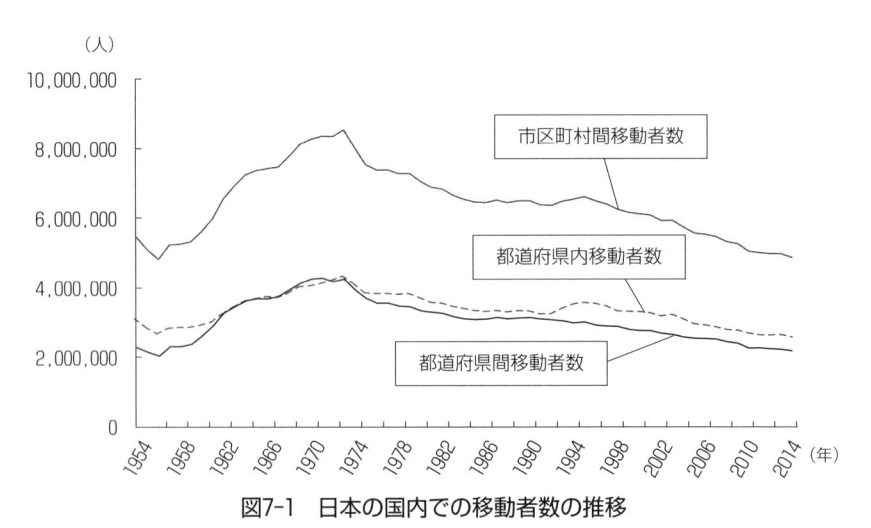

図7-1 日本の国内での移動者数の推移

(出所) 総務省統計局『住民基本台帳移動報告』平成26年版より筆者作成.

(2) 近年の人口移動——大都市圏への集中——

都道府県別の転入超過率[2]をみると，2013及び14年連続で転入超過となったのは，大都市圏と宮城県，福岡県など地方中核都市に限られている（図7-2，7-3）．東京圏の転入超過率は0.31％，うち東京都の転入超過率は0.56％と群を抜いており，前年比0.02ポイント増である．名古屋圏の転出超過率は−0.01％と若干のマイナスながら愛知県は0.08％の転入超過である．大阪圏も−0.06％と転出超過であるが，大阪府は0.00％と横ばいであった．その他の転入超過率は，宮城県の0.11％，福岡県0.08％であった．

2013年よりも転入超過率が上昇したのは，東京，埼玉，千葉，神奈川の4都県で，人口の首都圏一極集中傾向がさらに強まっている．

転出超過は，宮城県を除く東北各県，長崎県での高さが目立つが，北関東，中部，近畿，九州など大都市圏周辺地域での転出率が拡大し，12年まで転入超過であった滋賀，岡山，香川，沖縄なども転出超過が続いており，地方の転出超過傾向が拡大している．

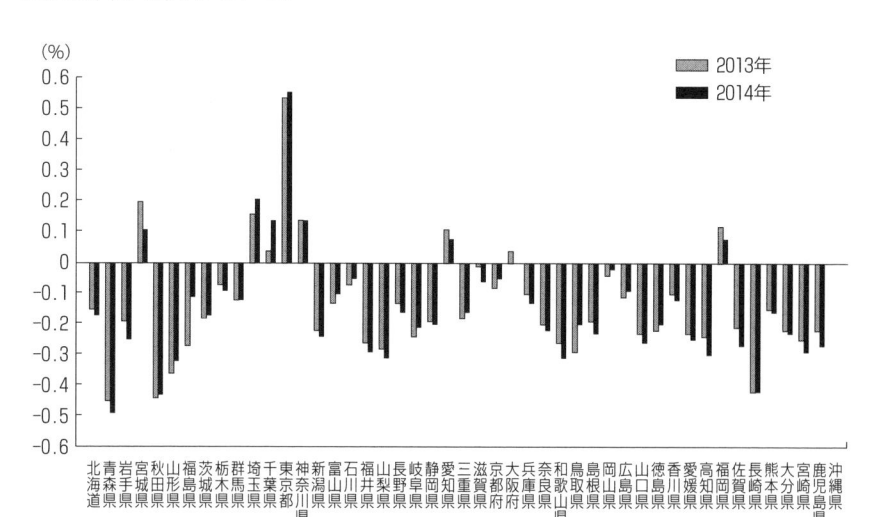

図7-2　都道府県別転入超過率（2013，2014年）

（出所）総務省統計局『住民基本台帳移動報告』平成26年版より筆者作成．

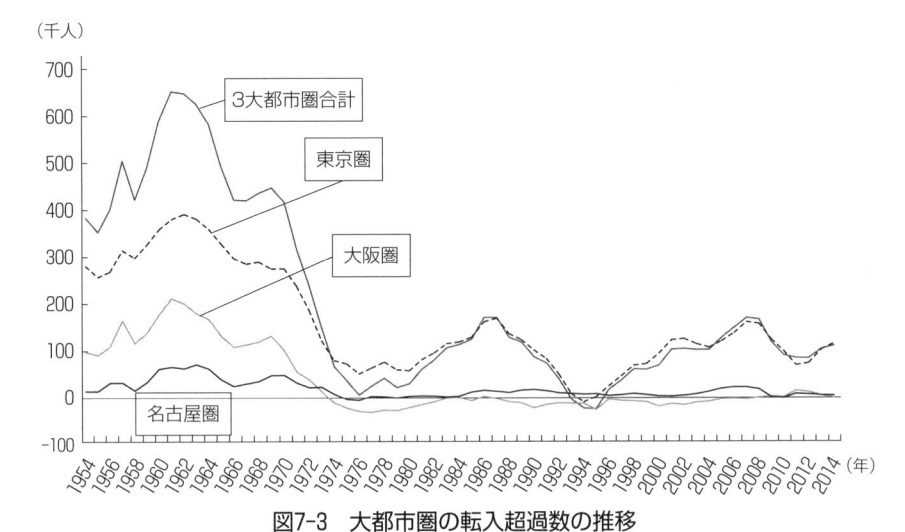

図7-3　大都市圏の転入超過数の推移

(注) 東京圏：東京都，神奈川県，埼玉県，千葉県．名古屋圏：愛知県，岐阜県，三重県．大阪圏：大阪府，兵庫県，京都府，奈良県．
(出所) 総務省統計局『住民基本台帳移動報告』平成26年版より筆者作成．

(3) 都道府県別の社会移動の特徴による分析

ここまで，全国的な人口移動の動向をみてきたが，地方から大都市圏への人口移動という流れを基本に，都道府県の転入超過率を時系列的に分析することにより，人口移動の地域別での移動パターンの分類を試みた．

1) クラスター分析による都道府県別パターン分類

パターン分類の方法として，地域を都道府県単位とし，転入超過率の時系列データを使ってクラスター分析を行った．具体的にはクラスターの距離によりグループ分けし，それぞれのグループの特色について整理した．分類に当たっては，特に大都市圏への人口の転出入に着目して，大都市圏からの地理的な条件を基本として分類した．

なお，沖縄県については，1973年から編入されたため除外した．

2）分析方法

- 1956〜2010年の各都道府県の5年単位の転入超過率を変数とした階層クラスター分析（グループ間平均連結法）を実施
- クラスター分析結果を地理的条件等から地域ごとに分類
- クラスター分析の結果得られたグループの特徴を，各都道府県の転入超過の変動を10年程度の年代区分によりパターン化し，整理した．

$$\begin{pmatrix} 第1期 & 1956〜1965, & 第2期 & 1966〜1975, & 第3期 & 1976〜1985 \\ 第4期 & 1986〜1995, & 第5期 & 1996〜2005, & 第6期 & 2005〜2010 \end{pmatrix}$$

3）クラスター分析による分類結果

分析の結果，以下の4つの類型に分けて，それぞれの特色を整理した．

① 大都市型

東京都，愛知県，兵庫県，大阪府

【特　色】

大都市型に該当する都府県の特色は，1960年代を中心に転入超過率の大きな

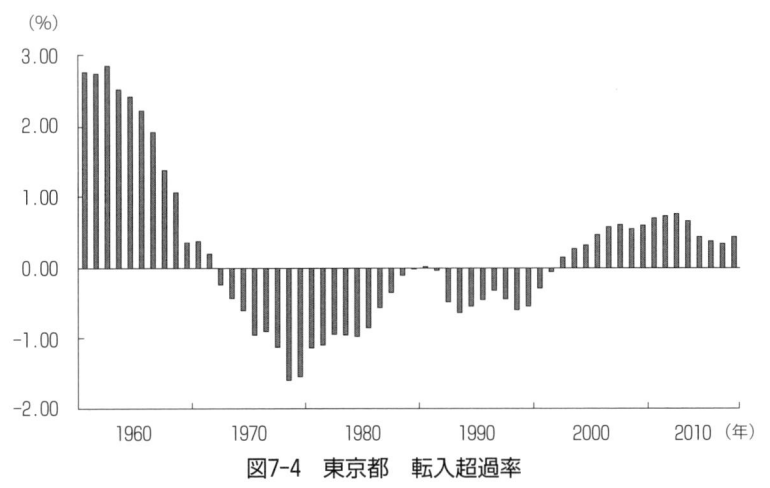

図7-4　東京都　転入超過率

（出所）総務省統計局『住民基本台帳移動報告』各年版より筆者作成．

図7-5　神奈川県　転入超過率

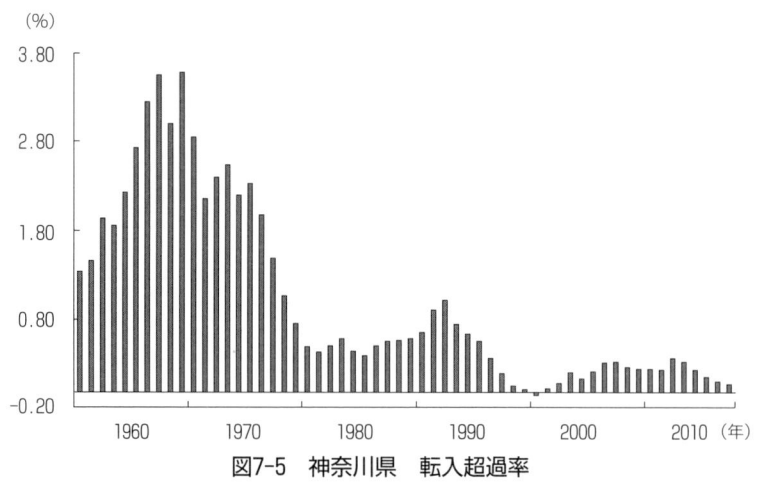

(出所) 総務省統計局『住民基本台帳移動報告』各年版より筆者作成.

山があり，その後，10年ほどの期間ごとに転入率の山と谷が繰り返しているが，1990年以降は転入超過が続いている．

② 大都市近郊型

埼玉県，千葉県，神奈川県

【特　色】

1960年代，70年代の転入超過率の大きな山があるが，その後，20年程度の間隔で山は小さくなるが，大都市型と異なるのは，一貫して転入超過が続いている点である．

地理的には，いずれも東京を取り巻く首都圏を形成し，東京の拡大に伴い一貫して人口が増大してきたことを示している．

③ 地方中核都市・大都市周辺型

北海道，宮城県，茨城県，栃木県，群馬県，石川県，岐阜県，静岡県，三重県，滋賀県，京都府，奈良県，和歌山県，岡山県，広島県，香川県，福岡県

【特　色】

1970年代などに転入超過の山があり，その後は，10年程度を周期の山を繰り

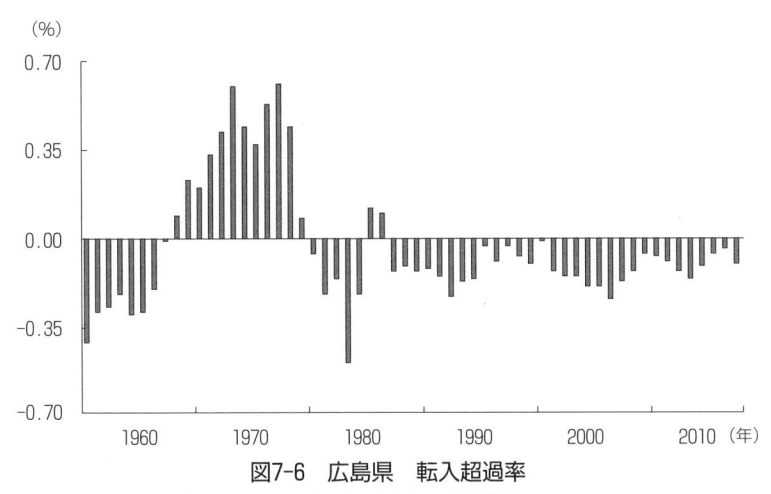

図7-6　広島県　転入超過率

(出所) 総務省統計局『住民基本台帳移動報告』各年版より筆者作成.

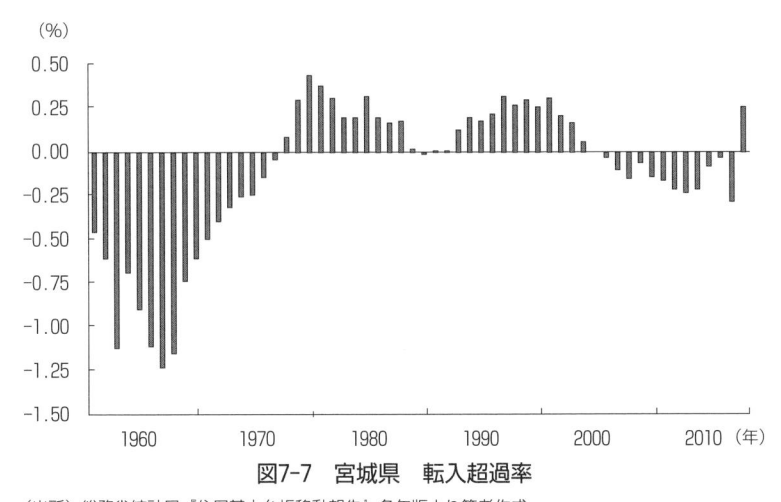

図7-7　宮城県　転入超過率

(出所) 総務省統計局『住民基本台帳移動報告』各年版より筆者作成.

返しながら転出超過が続いているが，転出超過率は比較的低いのが特徴である．

地理的な特徴として，東京，名古屋，大阪の三大都市圏の中心から，距離にして100kmから200kmの周辺を中心に分布しており，大都市圏との人口の転入，

転出の影響が最も大きい地域と考えられる（この地域が転入超過状況にあった1970年代は，大都市圏が転出超過であった）．

ただし，この中で宮城県，福岡県といった地方中核都市は，1970年代以降も転入超過の時期が長く，東北や九州といった地方ブロックの中心地域として人口の転入が多い地域であり，別のグループとして扱うべきであるかもしれない．

④ 地 方 型

青森県，岩手県，秋田県，山形県，福島県，新潟県，富山県，福井県，山梨県，長野県，鳥取県，島根県，山口県，徳島県，愛媛県，高知県，佐賀県，長崎県，熊本県，大分県，宮崎県，鹿児島県

【特　色】

1960年代〜1970年代に転出超過の大きな山があり，その後10年程度の周期の山を繰り返しながら一貫して転出超過が続いているが，転出超過率は徐々に縮小している．

地理的な特徴としては，大都市圏からみると，地方中核・大都市周辺型よりもさらに遠隔地に分布している．

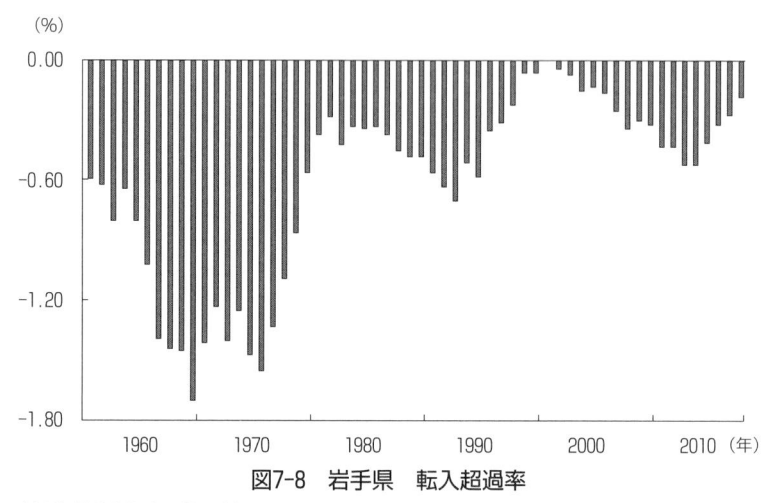

図7-8　岩手県　転入超過率

（出所）総務省統計局『住民基本台帳移動報告』各年版より筆者作成．

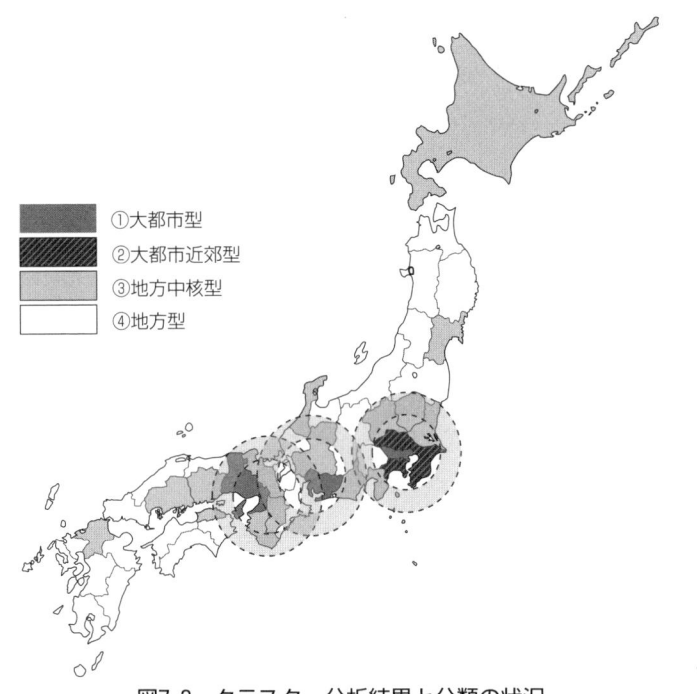

図7-9 クラスター分析結果と分類の状況

凡例:
- ①大都市型
- ②大都市近郊型
- ③地方中核型
- ④地方型

(注) 円は，中心となる大都市都道府県庁所在地から，100kmと200kmを表す．
(出所) 総務省統計局『住民基本台帳移動報告』平成26年版より筆者作成．

　北海道の場合，クラスター分析では，地方中核・大都市周辺型に分類されたが，転入超過の時期は1960年代前半の2年程度で，その後は転出超過であり，パターン的には地方型に近いともみえる．地域的な面からみればこのグループに近いとも言える．

(4) 日本全体の長期的な人口移動の原因

1) 生産年齢人口の増減との連動

　図7-1の移動者の推移をみると，まず，第1の山として，1963 (昭和36) 年頃をピークに都道府県間移動者数は大きくなっており，これを3大都市圏への転

入を示す図7-3を合せてみると符号する.

　この第1の山の前半は，1950年代から太平洋ベルト地帯への産業立地の集中が始まるのに伴い，労働者が大規模に移動した時期であり，特にピーク後半は団塊の世代が中学を卒業し，地方から都市部への移動の流れが始まった時期と一致する[3]．また，1992（平成元）年を中心に小さな第2の山がみられるが，この期間は，就職期を迎えた団塊ジュニア層の就職や大学等への進学の時期であり，この影響が考えられる[4]．第2の山は第1の山ほど大きくないが，こうした出生の山がその時期の社会移動に与える影響は無視できないと考えられる．

　このことは，将来の日本全体の人口移動数においても，長期間にわたる出生数の減少が，若年人口の減少をもたらし，今後も長期的な減少傾向をたどるものと考えられる．

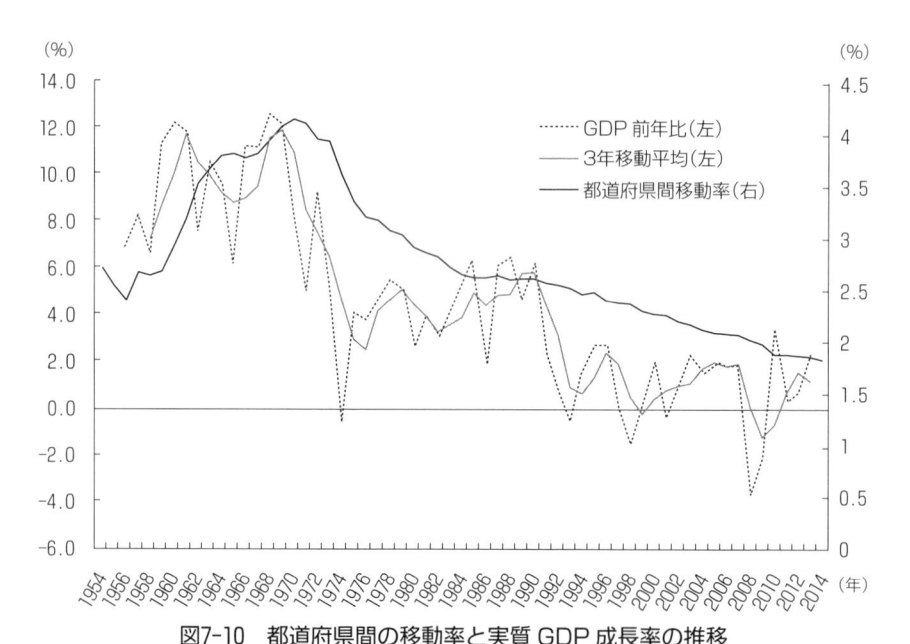

図7-10　都道府県間の移動率と実質GDP成長率の推移

（出所）総務省統計局『住民基本台帳移動報告』平成26年結果，内閣府『平成26年度　年次経済財政報告』より筆者作成．

2）経済成長率との関係

長期の日本のGDP成長率と都道府県間の移動者率の関係をみると，**図7-10**のように，両者の間には関連が考えられる．この背景には，日本の高度成長期には，地域間の経済成長率の差が生産年齢人口の労働移動という形で地域間の人口移動に大きな影響を与えてきたことが考えられる．そこで，都道府県間の移動率と日本のGDP成長率（変動が激しいため3年移動平均を使用）との相関（期間1958～2013年）をみたところ，相関係数（r）は，0.868であった．

2　静岡県をケーススタディとした地域間の社会移動分析

(1) 静岡県の転入・転出の現状と特徴

1）転入者，転出者の長期的推移

県レベルの人口移動について，静岡県をケーススタディとして分析する．

静岡県の県外との長期の移動は，ピークは全国と同じく1970年頃であり，その後は一貫して減少傾向をたどるなど全国的な傾向と一致している．

特徴としては，東京，名古屋両圏の中間に位置するため，それぞれとの間で転入・転出数はそれぞれ大きいが，その差である転出超過の「率」でみると比較的小さいのが特徴である（**図7-11，7-12**）．

期間区分的にみると，①東京オリンピック（1964年頃）前，②オイルショック（1973年頃）前，③バブル初期（1986年頃）前と，ほぼ10年単位で転入超過と転出超過期が交代を繰り返してきたが，④バブル崩壊以後（1994年以降）は転出超過が続いている．

静岡県が転入超過となった1963～1974年，1985～1995年の2期間は，全国及び静岡県で経済成長率が高い時期であり，その影響が考えられる．この「第4期」においては，転出超過率は0.1％以下で全国的には低い傾向が続いていたが，2011年のリーマンショック以降やや拡大し，全国でも中位の水準となっている．

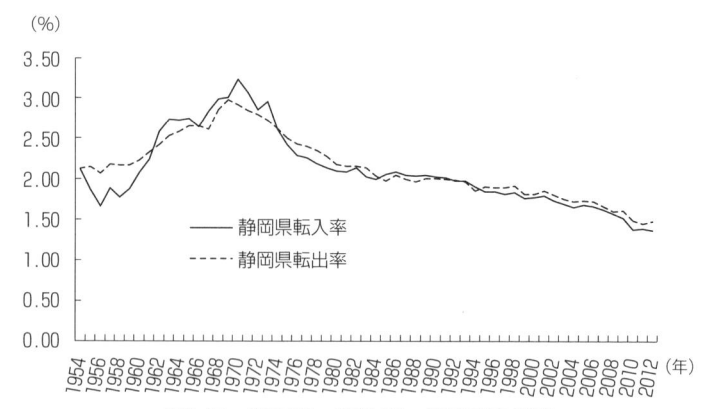

図7-11　静岡県　転入率，転出率の推移

（出所）総務省統計局『住民基本台帳移動報告』平成26年版より筆者作成．

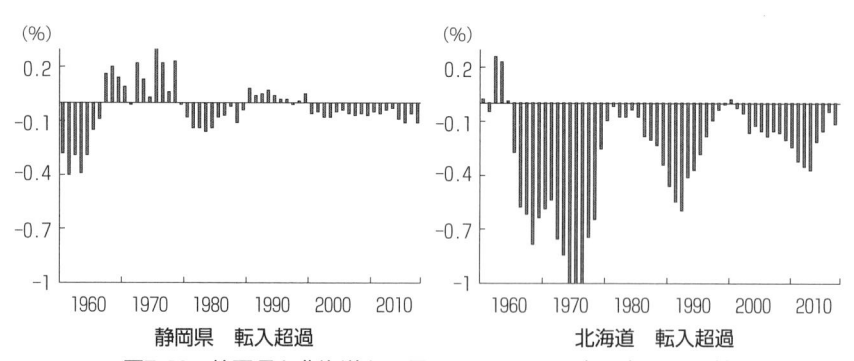

図7-12　静岡県と北海道との同じスケールでの転入超過の比較

（出所）総務省統計局『住民基本台帳移動報告』平成26年版より筆者作成．

2）転入・転出先の状況

　静岡県の人口の転入・転出先を都道府県別にみると，**表7-1**のとおり東京都，神奈川県，愛知県の3都県で転入の47.8％，転出も52.4％とほぼ半数を占める．
　さらに，転出超過数でみると，東京都，神奈川県で67.3％，愛知県も含めると85.6％と，両都市圏への転出超過が大半を占める．この3都県とそれ以外の転出入の推移を示したのが**図7-13**で，3都県に対しては，過去，一時期を除い

表7-1 静岡県への転入・転出先者数上位都道府県（平成25年）

(単位：人)

	静岡県への転入	構成比(%)	静岡県からの転出	構成比(%)	転入超過	構成比(%)
合　計	50,407	100.0	57,299	100.0	−6,892	100.0
東京都	8,793	17.4	11,564	20.2	−2,771	**−40.2**
神奈川県	7,837	15.6	9,705	16.9	−1,868	**−27.1**
愛知県	7,482	14.8	8,750	15.3	−1,268	**−18.3**
埼玉県	3,016	6.0	3,117	5.4	−101	−0.2
千葉県	2,515	5.0	2,906	5.1	−391	−0.6
大阪府	1,933	3.8	1,975	3.5	−42	−0.6

（注）転入超過の−は転出超過を意味する．
（出所）総務省統計局『住民基本台帳移動報告』平成26年版より筆者作成．

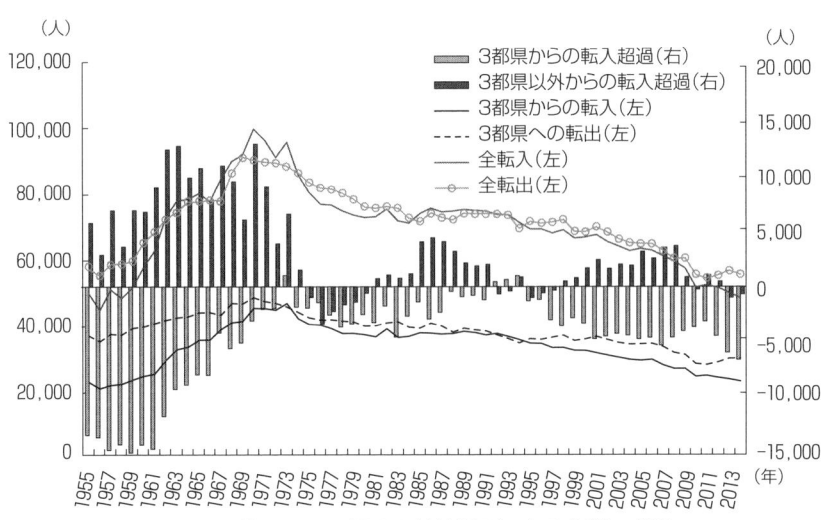

図7-13 静岡県の3都県と他地域別の転入過数の推移

（出所）総務省統計局『住民基本台帳移動報告』平成26年版より筆者作成．

て転出超過が続いており，3都県以外は，転入超過，転出超過の時期が繰り返している．

表7-2 各市からの転出先の状況 (2005〜2010年)

	浜松市（西部）		静岡市（中部）		沼津市（東部）	
県外への転出数	38,966		36,710		10,505	
3都県の占める率	19,670	50.5%	18,729	51.0%	5,361	51.0%
うち東京都	5,161	13.2%	6,742	18.4%	2,036	19.4%
うち神奈川県	4,118	10.6%	5,832	15.9%	2,358	22.4%
うち愛知県	10,391	26.7%	6,155	16.8%	967	9.2%

(出所) 総務省統計局『国勢調査報告』平成22年版より筆者作成.

3) 地域別にみた転出先の状況

静岡県は東西に約150kmと長く，首都圏に接する県東部と愛知県に接する県西部では転出先の状況がかなり異なる．

静岡県西部の浜松市（人口79.1万人）[5]，中部の静岡市（人口70.7万人），東部の沼津市（人口19.4万人）の3都県に対する転出について，国勢調査の2005年から2010年の5年間の移動状況をみると，いずれも転出者数のうち3都県に対する比率は，ほぼ半数であるが，浜松市は愛知県へ転出する比率が26.7％で最も高く，逆に沼津市は，隣接する神奈川県に転出する比率が22.4％で最も高く，東京都も含めれば40％を超す．静岡市はほぼその中間であった．

この結果によれば，同一都道府県でも，特に近隣に大都市圏が存在する場合，市町村のような地域単位でみると，人口移動にはグラビティモデルで想定している地理的な距離が大きな影響を与えることを示唆している．

4) 年齢階層による転入・転出の特徴
① 年齢階層別の県外への転出・転入の状況

静岡県の年齢階層別の移動状況について，国立社会保障・人口問題研究所による2000〜2005年の純移動率（転入超過率に相当）をみると，図7-14のとおり15〜24歳の年代層では，県外に転出し，25〜34歳の年齢層が県内に転入する状況が明確に表れている．これは，高校卒業後の就職や大学進学などで静岡県内の

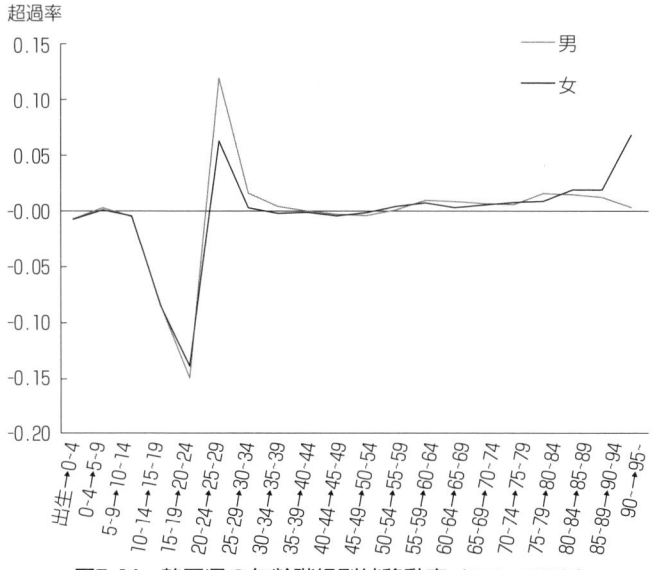

図7-14　静岡県の年齢階級別純移動率（2000～2005年）
(出所) 国立社会保障・人口問題研究所『人口統計資料集』2006年版より筆者作成.

若者が転出し，大学卒業後，Ｕターン・Ｉターン等により県内企業への就職などで転入している状況を示唆している．ただし，25～34歳で，男性の転入に対し女性の転入が少なく，若い女性は，県外への転出後，県内に転入する人が少ないことを示唆している．

この傾向は，**図7-15**のとおり2013年では，15～24歳の年代層の転出はより大きく（特に女性で顕著）なり，同時に男性も25～34歳の転入超過から転出超過となった.[6]

この間，製造業の海外移転，リーマンショック，東日本大震災等による製造業等での就業状況の変化が，静岡県の若年層の社会移動に大きな影響を与えたことが考えられる．

136　第Ⅱ部　応用編

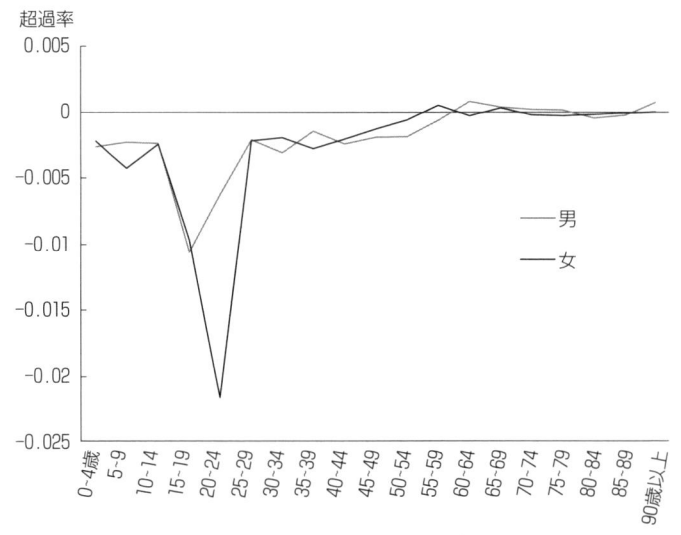

図7-15　静岡県の年齢階級別純移動率（2013年）

（出所）総務省統計局『住民基本台帳人口移動報告』平成25年版より筆者作成.

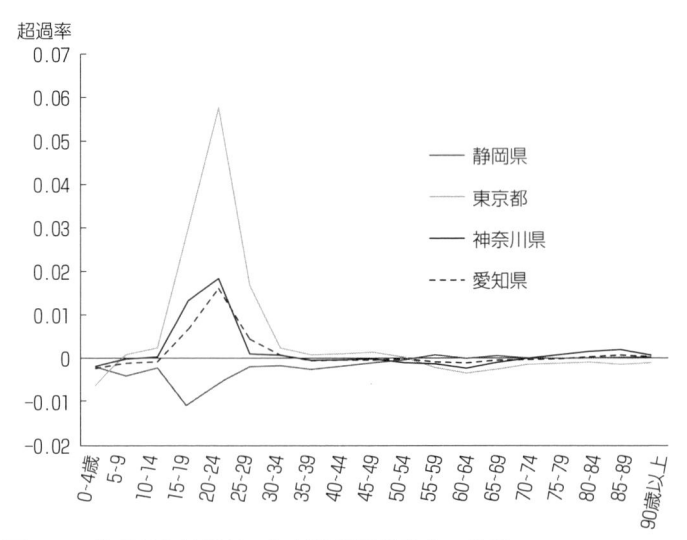

図7-16　静岡県と他都県の年齢階級別移動率の比較（男：2000〜2005年）

（出所）総務省統計局『住民基本台帳人口移動報告』各年版より筆者作成.

② 近隣大都市圏との関係

　転入・転出先として大きな割合を占める東京都，神奈川県，愛知県との年齢別の移動率（男性）をみると，**図7-16**のとおり静岡県の15〜29歳の年代層（以下，「若年人口」という）が，東京都，神奈川県，愛知県の各都県では大きな転入となっており，他県からこの年代層を吸収していると考えられる．こうしたデータからも静岡県は，就職や進学を機に，若年人口が比較的近い首都圏や中京圏の大都市圏に吸引されている状況が考えられる．

5）若年層の産業別就業者数の比較

　静岡県の若年層の転出超過の要因と考えられる就職について，全国から若者が転入している東京都との比較を，産業分類（大分類）ごとに2007年と2012年との間で，若年層（15〜29歳）の就業者の増減を分析した．

（男性）

　男性の就業者総数は，東京都の△8.6％に対し，静岡県で△18.9％と減少が大きい．

　業種別にみると，静岡県で減少している主な業種は，製造業が△1万5200人（△21.7％），建設業で△7200人（△36.9％），情報通信業△3400人（△68.0％），生活関連サービス業，娯楽業が△4700人（△51.6％）である．

　これに対し東京都では，情報通信業では2万7000人（24.7％）の減少が大きいが，製造業では逆に＋4400人と増加している．

　サービス業では，医療・福祉では，東京都が＋1万7100人（＋98.3％）の増加に対し，静岡県は△1000人（△12.5％）と減少，サービス業（他に分類されないもの）では，東京都が＋2万3700人（＋73.1％）と増加に対し，静岡県は△2300人（△28.1％）の減少であり，高齢化に伴い医療・介護サービスなど雇用面での需要が増加しているはずのサービス業分野での就業状況の違いが鮮明となっている．

（女性）

　女性の就業者総数は東京都の△0.9％に対し，静岡県は△15.0％と減少が大きい．

表7-3　2007年から2012年の間の東京都と静岡県の産業別就業者数の変化の比較（男）

	東京都 2012年	東京都 増減数	東京都 増減率	静岡県 2012年	静岡県 増減数	静岡県 増減率
15〜29歳　男性就業者数	709,800	▲66,900	▲8.6	160,400	▲37,300	▲18.9
農業，林業	300	▲3,400	▲91.9	4,000	1,500	60.0
漁業	0	0	—	900	400	—
鉱業，採石業，砂利採取業	300	0	—	100	100	100.0
建設業	38,400	▲6,200	▲13.9	12,300	▲7,200	▲36.9
製造業	68,400	4,400	6.9	55,000	▲15,200	▲21.7
電気・ガス・熱供給・水道業	2,600	▲15,300	▲85.5	1,000	700	233.3
情報通信業	82,900	▲27,000	▲24.6	1,600	▲3,400	▲68.0
運輸業，郵便業	27,900	▲6,900	▲19.8	10,400	▲500	▲4.6
卸売業，小売業	117,700	▲20,700	▲15.0	23,200	▲1,900	▲7.6
金融業，保険業	18,300	0	0.0	3,500	2,000	133.3
不動産業，物品賃貸業	12,400	▲3,300	▲21.0	700	▲2,000	▲74.1
学術研究，専門・技術サービス業	30,600	▲17,500	▲36.4	2,900	▲900	▲23.7
宿泊業，飲食サービス業	70,400	▲11,400	▲13.9	11,100	▲1,200	▲9.8
生活関連サービス業，娯楽業	33,900	▲700	▲2.0	4,400	▲4,700	▲51.6
教育，学習支援業	31,200	▲300	▲1.0	4,500	▲400	▲8.2
医療，福祉	34,500	17,100	98.3	7,000	▲1,000	▲12.5
複合サービス事業	800	▲5,800	▲87.9	2,000	0	0.0
サービス業（他に分類されないもの）	56,100	23,700	73.1	6,500	▲2,300	▲26.1
公務（他に分類されるものを除く）	40,200	12,200	43.6	4,700	▲1,000	▲17.5
分類不能の産業	43,100	▲5,600	▲11.5	4,700	▲100	▲2.1

（出所）総務省統計局『就業構造基本調査』平成19年版及び平成24年版より筆者作成．

　業種別では，静岡県は，就業者数の多い製造業で Δ9900人（Δ29.9％）と減少が大きく，教育，学習支援業でも，Δ3300人（Δ29.7％），生活関連サービス業，娯楽業で Δ2400人（Δ23.3％）の減少が大きい．また，医療，福祉では東京都は＋1万6500人（＋21.3％）と増加に対し，静岡県は Δ1700人（Δ6.2％）と減少している．逆に，特に東京都では，製造業をはじめ，教育，学習支援業，医療，福

表7-4 2007年から2012年の間の東京都と静岡県の産業別就業者数の変化の比較（女）

	東京都			静岡県		
	2012年	増減数	増減率	2012年	増減数	増減率
15～29歳　女性就業者数	671,400	▲6,400	▲0.9	136,300	▲24,100	▲15.0
農業，林業	400	▲400	▲50.0	800	100	14.3
漁業	0	0	—	0	0	—
鉱業，採石業，砂利採取業	0	0	—	0	▲100	▲100.0
建設業	8,000	▲200	▲2.4	2,100	▲500	▲19.2
製造業	42,800	2,500	6.2	23,700	▲9,900	▲29.5
電気・ガス・熱供給・水道業	800	400	100.0	100	▲500	▲83.3
情報通信業	44,300	▲13,400	▲23.2	1,900	▲1,800	▲48.6
運輸業，郵便業	23,800	9,700	68.8	3,900	400	11.4
卸売業，小売業	132,700	▲6,100	▲4.4	29,100	▲1,500	▲4.9
金融業，保険業	37,100	3,600	10.7	3,200	▲1,000	▲23.8
不動産業，物品賃貸業	10,200	200	2.0	1,200	0	0.0
学術研究，専門・技術サービス業	27,600	▲4,800	▲14.8	2,300	▲100	▲4.2
宿泊業，飲食サービス業	83,200	6,400	8.3	13,100	300	2.3
生活関連サービス業，娯楽業	40,700	▲4,400	▲9.8	7,900	▲2,400	▲23.3
教育，学習支援業	43,800	4,900	12.6	7,800	▲3,300	▲29.7
医療，福祉	93,800	16,500	21.3	25,600	▲1,700	▲6.2
複合サービス事業	500	▲500	▲50.0	2,300	300	15.0
サービス業（他に分類されないもの）	36,400	▲7,800	▲17.6	4,200	▲600	▲12.5
公務（他に分類されるものを除く）	8,500	▲2,100	▲19.8	2,800	▲100	▲3.4
分類不能の産業	37,100	▲10,600	▲22.2	4,100	▲1,900	▲31.7

（出所）総務省統計局『就業構造基本調査』平成19年版及び平成24年版より筆者作成.

祉，金融業，保険業など，サービス業での雇用増加が大きく，この分野での大きな対比をみせている．

(2) 静岡県の社会移動の要因に関する分析
1) 各要因別の影響度の分析

以上の考察から，静岡県との人口移動数が多い，東京都，神奈川県，愛知県との間の移動要因を明らかにするため次のような段階により回帰モデルを設定し分析を行った．

【第1段階】人口要因の検証

第4節でみたように静岡県の人口の地域間の移動の主体が，15歳から29歳の若年人口であることから，人口移動の基本的な要因が若年人口の構成比であるとする仮説をたて，静岡県の人口移動数を被説明変数とし，この年代の人口の構成比を説明変数とするモデルを設定し，パラメータの推定とその有意性を検証した．

ここで，被説明変数とした静岡県の人口移動数は，転入または転出の人数自体ではなく，転入と転出の平均をとったものを使用した（理由は後段を参照）．

【第2段階】経済的要因の抽出

第2段階では，人口移動を決定する要因として，人口要因以外の経済的要因を抽出するための分析を行った．

まず，移動に関する被説明変数としては，第1段階で得られたパラメータを用い，静岡県と各都県との間の基本人口移動量の予測値を算出し，これと3都県との転入及び転出の実績値との残差を用いた．

その理由は，図7-11で明らかなように，転入，転出数は，1970年ころをピークに，緩やかな減少傾向をたどっているため，変数の中には理論的な関係がなくても長期的に増加または減少傾向をみせているものは，みかけ上高い相関を示す場合があり，こうしたトレンドの影響を排除するためである．

モデルでは，転入と転出ごとにこの残差を被説明変数とし，説明変数には，人口移動の経済的要因と考え得る「人口1人当たり県内総生産」など4項目を選定し，それぞれに，静岡県と移動の相手方都県双方の数値及びその比をとり，相関を比較し，最も統計的に合致するものを経済的要因として選定した．

【第3段階】人口要因と経済的要因を加えたモデルの検証

最後に，静岡県と3都県との転入及び転出数を被説明変数とし，前記により得られた人口要因及び選定された経済的要因の双方を説明変数とする重回帰モデルを作り，各説明変数の有効性を検証した．

2）分析と結果

【第1段階】

いま国外への転出入を無視して国内移動のみを検討すると，ある年次の全都道府県における転出者の合計は，全都道府県における転入者の合計に等しくなる．そこで，個々の都道府県においても，所得や雇用など地域それぞれの経済的条件が同一で，移動者の個人的な事情はランダムなものと考えれば，本来，転出と転入は等しくなると仮定する．

こうした仮定の下に，静岡県と3都県との転出・転入の平均を，基本人口移動量として，これを被説明変数 F とし，一方，静岡県における15～29歳人口の県人口に占める割合を説明変数 $X1$ として，(7-4)式のような回帰モデル，

$$F = \alpha + \beta X1 \tag{7-4}$$

を設定し，パラメータの推定とその有意性を検証した．ただし

$$F = \frac{静岡県からの転出＋静岡県への転入}{2}$$

$$X1 = \frac{静岡県の15\sim29歳人口}{静岡県の総人口}$$

である．

表7-5は，(7-4)式で定義された回帰モデルの推定結果を示したものであるが，定数項および回帰係数はすべて有意水準 $\alpha=0.01$ で有意であることが認められ，静岡県の若年人口割合が3都県との基本人口移動量に影響していることが示された．また回帰モデルの決定係数 R^2 の数値もすべて0.8以上となってお

表7-5　パラメータの推定結果

F	定数項		X1		R^2
	t値	p値	t値	p値	
（東京都 ⇔ 静岡県）	2557.51		53968.14		0.889
	3.48	0.002	13.29	0.000	
（神奈川県 ⇔ 静岡県）	2324.96		47731.31		0.901
	3.80	0.000	14.11	0.001	
（愛知県 ⇔ 静岡県）	5002.04		25085.54		0.800
	10.33	0.000	9.37	0.000	

（注）推定期間：1990～2012年，推定方法：OLS．
（出所）総務省統計局『住民基本台帳人口移動報告』各年版，内閣府『県民経済計算』各年版より筆者作成．

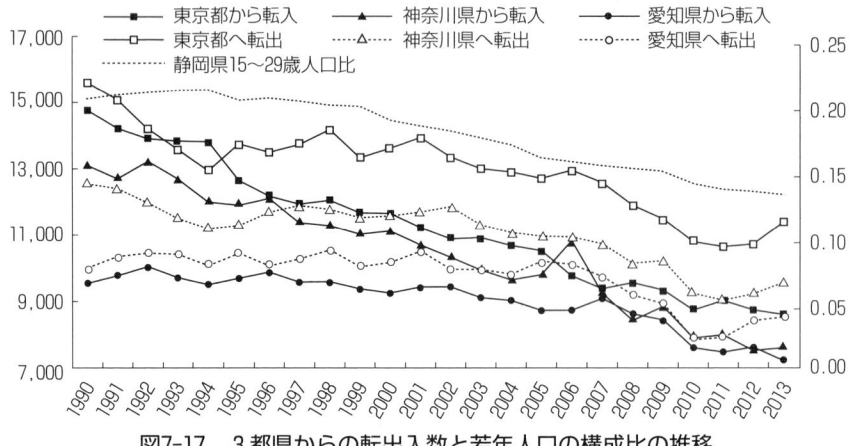

図7-17　3都県からの転出入数と若年人口の構成比の推移

（出所）総務省統計局『住民基本台帳人口移動報告』各年版より筆者作成．

り，当てはまりのよいモデルであることが確認できた．

【第2段階】

若年人口の構成比が，基本人口移動量の動きに影響することが確認できたが，次に，都道府県にとって，純転入・転出をもたらす原因について分析する．

第1節(3)「都道府県別の社会移動の特徴による分析」でみたとおり，都道府県によって転入と転出の変動のパターンはさまざまであり，また，相手都道府

県によっても異なる動きをみせる．静岡県でも図7-13のとおり，3都県に対しては，概ね，転出が転入を上回り，転出超過となっている．

そこで，第2段階では，静岡県と3都県との間の転入および転出について，これらに影響すると考えられる経済変数を抽出する．

まず，第1段階で推定された回帰モデルに基づいて得られる各年次の人口移動量 F の予測値 $\hat{f}$ と，実際の転入数 f_I および転出数 f_O との残差を移動の変数とし，3都県との転入，転出ごとに，その残差と経済変数との相関を求めた．なお各年次の各都県から静岡県の転入の残差を FI，静岡県から各都県への転出の残差を FO とすると，以下のように定義される．

$$FI = (f_I - \hat{f}) \qquad FO = (f_O - \hat{f})$$

また経済変数として使用したのは，地域の経済力，雇用の条件，状況，需要を示す数値として，「人口1人当たり県内総生産」，「1人当たり雇用者報酬」，「雇用者数」，「有効求人倍率（パートタイムを含む）」の4つの変数で，これらの変数と FI および FO の相関行列を示したのが表7-6である．

この結果，符号条件を満たし相関の高いものは，表にゴシック体で示したように，東京都と神奈川県との間については「有効求人倍率」であり，愛知県との間については，相関はやや低くなるが，転入，転出ともに「人口1人当たり県内総生産」であったことから，それぞれを，静岡県と各都県の人口の転入，転出に影響を与える経済変数として選定する．

【第3段階】

前記の各都県と静岡県の転入，転出者数を被説明変数とし，若年層人口構成比（$X1$）と相関の高い経済変数（$X2$）を説明変数としたモデルを設定し，その説明力を検証した．

$$\text{（静岡県への転入）} \quad FI = \alpha' + \beta_1' X1 + \beta_2' X2 \qquad (7\text{-}5)$$

$$\text{（静岡県からの転出）} \quad FO = \alpha'' + \beta_1'' X1 + \beta_2'' X2 \qquad (7\text{-}6)$$

表7-6 各都県との間の移動予測残差との相関行列

経済変数	FI 東京都→静岡県	FO 静岡県→東京都	FI 神奈川県→静岡県	FO 静岡県→神奈川県	FI 愛知県→静岡県	FO 静岡県→愛知県
1人当たり県内総生産（各都県）	−0.556	0.512	−0.129	0.573	0.562	**0.631**
1人当たり県内総生産（静岡県）	−0.546	0.421	0.579	−0.732	**0.642**	0.761
1人当たり県内総生産（各都県／静岡）	−0.391	0.440	−0.121	−0.180	0.017	−0.024
1人当たり雇用者報酬（各都県）	−0.803	−0.323	−0.121	−0.180	0.379	0.477
1人当たり雇用者報酬（静岡県）	−0.111	−0.265	0.244	−0.336	0.236	0.263
1人当たり雇用者報酬比（各都県／静岡）	−0.418	0.074	−0.657	0.299	0.391	0.580
雇用者数（各都県）	0.179	−0.425	−0.290	−0.082	−0.178	−0.258
雇用者数（静岡県）	−0.623	−0.361	−0.164	−0.259	0.096	0.212
雇用者数比（各都県／静岡）	0.567	0.032	−0.045	0.219	−0.199	−0.313
有効求人倍率（各都県）	0.405	**0.792**	0.576	0.458	0.277	0.255
有効求人倍率（静岡県）	**0.782**	0.412	**0.751**	0.094	0.161	0.143
有効求人倍率比（各都県／静岡）	−0.348	0.544	−0.237	**0.787**	0.244	0.201

(注) 推定期間：1990〜2012年.
(出所) 総務省統計局『住民基本台帳人口移動報告』各年版，内閣府『県民経済計算』各年版より筆者作成.

なお (7-5) 式および (7-6) 式の経済変数を表す $X2$ については，既述の【第2段階】および**表7-6**の結果から，各都県に応じて以下の諸変数を用いた．

LRs：有効求人倍率（静岡県） LRt：有効求人倍率（東京都）
LRk/LRs：有効求人倍率比（神奈川県／静岡県）
Ys：人口1人当たり県内総生産（静岡県）
Ya：人口1人当たり県内総生産（愛知県）

前記の結果，説明変数として若年人口の構成比に経済変数を加えることにより，いずれも符号条件，t 値，p 値を満たし，R^2 は上昇していることから有効に機能していると考えられる．

第7章 人口の社会移動分析   *145*

表7-7 各変数の推定結果

FI FO	定数項		X1		X2		R^2
	t値	p値	t値	p値	t値	p値	
東京都→静岡県	−504.69		59,137.16		LRs	1282.14	0.950
	−0.81	0.428	15.65	0.000	4.97	0.000	
神奈川県→静岡県	−561.47		56539.57		LRs	1045.34	0.948
	−0.94	0.35	15.7	0.000	4.25	0.000	
愛知県→静岡県	−251.26		27051.66		Ys	1.074	0.918
	−0.195	0.847	14.99	0.000	3.99	0.000	
静岡県→東京都	3220.70		48323.07		LRt	1306.94	0.896
	4.25	0.000	13.5	0.000	5.46	0.000	
静岡県→神奈川県	289.58		48271.88		LRk/LRs	3271.30	0.859
	0.184	0.855	8.79	0.000	3.40	0.003	
静岡県→愛知県	−547.72		19804.51		Ya	1.46	0.814
	−0.35	0.726	6.68	0.000	4.27	0.003	

(注) 推定期間：2001～2012年．
(出所) 総務省統計局『住民基本台帳人口移動報告』各年版，内閣府『県民経済計算』各年版より筆者作成．

　ただし，定数項については，「静岡県→東京」を除き，有意とはいえない．よって，このモデルでは，当該地域間の移動においては，変数以外に毎年一定の移動量があるという仮説は棄却されることとなる．

　この分析の結果，まず，静岡県と3都県との人口の社会移動については，基本人口移動量は若年人口の構成比を反映しているといえる．

　また，純転出・入の原因となる転入及び転出の変動の要因として，首都圏の東京都，神奈川県との関係では，有効求人倍率またはその比であることから，さまざまな職種での就職の機会の差が大きな原因となっていることが考えられる．なお，東京都に対しては，毎年一定量の転出数が認められることから，大学等への進学の影響や文化・芸能など首都特有の人口吸引力が考えられる．

　一方，愛知県との間では，首都圏と異なり，人口1人当たり県内総生産の影響が大きい．経済学におけるこの数値の意味は，地域の経済力からみた地域の

総合的な豊かさや生活水準の高さを表すものと考えられることから，こうしたことが人口移動に大きな影響を与えている可能性がある．このように，3都県それぞれの人口吸引力の質に差があるものと考えられる．

さらに，第2節(1)3)「地域別にみた転出先の状況」でみたように，人口の移動は，愛知県とは，西部地域が主体であり，首都圏とは中部，東部が主体であるだけに，静岡県内の地域差を反映したものとも考えられ，さらに地域的な条件も加味して検討する必要があると思われる．

3　社会移動に影響を与えうる要因のまとめ

以上の考察から静岡県の社会移動の要因について整理すると，まず，全国及び静岡県において，社会移動の主体は15歳から29歳を中心とする若年層であることから，基本人口移動量はこの世代の人口の構成比の動向に大きな影響を受ける．

なお，若年層の移動率が高い理由としては，人的資本モデルによれば，移動する個人にとって，将来の獲得所得の大きさという便益と移動費用の違いから，若い世代ほど便益から費用を差し引いた純便益が大きいことにより説明される．

今後については，若年層の人口比率は長期的には減少する見込みであり，基本人口移動量は今後も長期的な減少傾向が続くと考えられる．

また，都道府県別の転入（出）超過率の変動パターンをクラスター分析した結果からは，静岡県は，地方中核都市・大都市周辺型に分類され，特徴としては，首都圏や中京圏など，強力な人口吸収力を持つ大都市圏から100kmから200kmという比較的近い位置にあるため，就職や大学等への進学による若年層の転出が多い一方で，企業・事業所の立地等により，大都市圏からの転入やU，Iターンもある程度は見込める地域である．

そこで，静岡県との間の移動数が多く，転出超過の大半を占める首都圏の東京都，神奈川県と愛知県の3都県について，転出超過の原因として考えられる

経済的要因について分析した結果，静岡県と東京都，神奈川県との転出入については，有効求人倍率との相関が高いことから，就職という労働需要の大きさが人口移動の要因となっているものと考えられる．愛知県に対しては，人口1人当たり県内総生産の相関が高く，住民サービスも含めた総合的な地域力の差が人口移動の要因と考えられる．

また，東京都との業種別の就業状況の比較分析からは，静岡県の基盤産業である製造業での就職が大きく減少するとともに，サービス業分野において，東京都での就業者が大きく増加しているのに対して，静岡県ではむしろ減少するなど，若年層の就職に関して大都市圏との競合の結果，転出超過となっているものと考えられる．

注

1) 市町村数は，2002年5月の3218から2006年5月には1821に減少した．
2) 転出入は都道府県間の移動．転出入超過率は当該都道府県の10月1日現在の日本人人口に対する転入出超過数の比率．
3) 第一次ベビーブームは，一般的には，いわゆる団塊の世代が生まれた1947〜1949年といわれ，例えば，1947年生まれの子どもが15歳となる，1962（昭和37）年から，1949年生まれの子どもが18歳となる1967（昭和42）年頃に当たる．
4) 第二次ベビーブームは，団塊世代の子どもたちが生まれた時期で，やや広めに1967〜1976年の10年間をとると，例えば，1967年生まれの子どもが18歳となる1985（昭和60）年から，1976年生まれの子どもが18歳となる1994（平成6）年と推定できる．
5) 各市の人口は，2014年10月1日静岡県推計人口．
6) 2005年以降の分析データが国立社会保障・人口問題研究所から発表されていないため，住民基本台帳報告から単年度のデータにより作成した．

参考文献

大友篤［1997］『地域分析入門』東洋経済新報社．
山田浩之・徳岡一幸［2007］『地域経済学入門［新版］』有斐閣．

第8章

産業連関モデルによる基盤産業の把握

はじめに

　第3章では，特化係数法とその改良版を用いて地域の基盤産業（basic industry あるいは export industry）を把握する方法を紹介した．特化係数は当該地域の産業別就業者や生産額などの比較的容易に入手できるデータをもとにして計算できるため，地域分析には有用な手法である．一方で，特化係数法では，当該地域の産業間の相互依存関係を考慮することは難しい．この章では，産業連関モデルを用いることにより，地域の産業間依存構造を考慮したうえで当該地域の基盤産業の把握を試みる．

　産業連関表は，対象とする経済の産業間依存関係（産業構造）を表す勘定体系である．産業連関表を利用する分析手法の一つである均衡産出高モデルは，最終需要を外生的に与えることによって，域内経済の各産業への生産波及を計測することを主たる目的としている．また，産業連関モデルで重要な意味を持つ投入係数やレオンチェフ逆行列には，文字通り，産業の連関，すなわち域内産業間の依存関係の情報が集約されている．本章は，それらの情報を地域の基盤産業の特定の手助けとしようとする試みの一端である．

　まず，産業連関表の雛形を用いながら産業連関モデルの基本的な考え方を紹介し，基盤産業の把握のために有用であると考えられる各種の指標を定義する．次に，それらを本書執筆時点で最新の2005年静岡県産業連関表に応用し，静岡

第 8 章　産業連関モデルによる基盤産業の把握　*149*

県の基盤産業の把握に用いる．さらに，1995年，2000年，2005年の静岡県産業連関表を用いて基盤産業の変化を探る．最後に，第１章で紹介した全国総合開発計画の工業整備特別地域が所在する工業県６県の2005年産業連関表に本章で用いた基盤産業の判定法を応用し，静岡県経済との比較を行う．

1　分析モデル

(1)　産業連関分析の基礎

産業連関表は，対象とする地域の各産業間で１年間に行われた中間財の取引や最終需要部門（消費，投資，移出等）の財購入の関係を行列の形にまとめた勘定体系である[1]．**表8-1**は，2005年静岡県産業連関表を３部門に統合したものである．

都道府県によって作成・公表されている地域内産業連関表では，国内の他地域への移出と国外への輸出，および，国内の他地域からの移入と国外からの輸入を区別している場合が多い[2]．しかしながら，外国を含めた域外経済と域内の産業連関構造を把握する本章の目的のため，域外を国内と国外に分けることを避け，以下，地域内産業連関表の移出と輸出の合計を移出，移入と輸入の合計を移入と呼ぶこととする．

産業連関表の横方向は，その財の販路を表している．ある産業の行方向をみることにより，その産業の生産物が中間財として他産業に購入され，最終財として最終需要部門で購入される様子（財の販路）を把握することができる．**表8-1**を例にとると，産業１で生産された財は，原材料等の中間財として，産業１で381億円，産業２で3041億円，産業３で413億円が購入される．これらを産業連関分析の用語では中間需要と呼ぶ．さらに，同じ産業１で生産された財は，最終需要として，域内で1050億円が消費され，域外へ1553億円が移出される．産業１の生産物に対する総需要のうち域外から移入される部分が3042億円あるため，産業１の域内生産額は3397億円となる．

表8-1 産業連関表の雛形 （2005年静岡県産業連関表）　(単位：億円)

	産業1	産業2	産業3	域内最終需要	移出	移入	域内生産額
産業1	381	3,041	413	1,050	1,553	3,042	3,397
産業2	684	80,922	14,353	46,162	132,682	90,287	184,517
産業3	560	39,038	38,520	93,314	26,767	47,942	150,258
粗付加価値	1,772	61,515	96,971				
域内生産額	3,397	184,517	150,258				

（出所）静岡県企画部『平成17年　静岡県産業連関表』より筆者作成.

また，産業連関表を縦方向に読むと，その産業の生産を支える中間財がどの部門から投入されたかがわかる．すなわち，表8-1の縦方向は，ある産業の活動を支える費用構成を表している．例えば，産業2では，産業1から3041億円，産業2から8兆922億円，産業3から3兆9038億円の中間財を購入して生産が行われている．また，生産費用以外の6兆1515億円が，粗付加価値（賃金や営業余剰等）として支払われることが分かる．

標準的な域内産業連関モデルにおいて，第i産業部門の域内生産額（X_i）は，

$$X_i = \sum_j x_{ij} + c_i + e_i - m_i \qquad (i, j = 1, \cdots, n) \tag{8-1}$$

とあらわされる．ここで，x_{ij}は第i部門から第j部門への中間投入額である．また，c_i, e_i, m_iは，それぞれ，第i部門の域内最終需要額，移出額，移入額であり，nは産業部門数とする．

ここで，第j部門の域内生産1単位に必要な第i部門の中間投入は，

$$a_{ij} = x_{ij}/X_j \qquad (i, j = 1, \cdots, n) \tag{8-2}$$

と定義される．(8-2)式のa_{ij}は，投入係数あるいは技術係数と呼ばれ，産業間の生産活動の結びつきを表している．投入係数を用いると，(8-1)式は

$$X_i = \sum_j a_{ij} X_j + c_i + e_i - m_i \qquad (i, j = 1, \cdots, n) \tag{8-3}$$

と書き換えられる．(8-2) 式の投入係数を行列表記 $\mathbf{A}=\{a_{ij}\}\,(n\times n)$ したものが，投入係数行列である．**表8-1**の数値例では，

$$\mathbf{A} = \begin{bmatrix} 0.112 & 0.016 & 0.003 \\ 0.201 & 0.439 & 0.096 \\ 0.165 & 0.212 & 0.256 \end{bmatrix} \tag{8-4}$$

となる．(8-4) 式の第3列をみると，産業3で1億円分の生産物を生産するために，産業1から0.003億円（= 413億円／15兆258億円）の投入が必要である．同様に，産業2から0.096億円（= 1兆4353億円／15兆258億円），産業3から0.256億円（= 3兆8520億円／15兆258億円）が中間財として投入されることを表している．

各産業の生産に必要な中間財の一部は，域外から移入される．投入係数行列 $\mathbf{A}$ から移入分を控除した域内生産分の投入係数行列 $\mathbf{Ad}$ は，第 i 部門の移入係数 $M_i = m_i/(\sum_j x_{ij} + c_i)$ を対角要素とし，非対角要素をゼロとした移入係数行列 $\hat{\mathbf{M}}$ を用いると，

$$\mathbf{Ad} = (\mathbf{I} - \hat{\mathbf{M}})\mathbf{A} \tag{8-5}$$

で定義される．ここで，$\mathbf{I}$ は単位行列 $(n\times n)$ である．**表8-1**の数値例では，

$$\mathbf{Ad} = \begin{bmatrix} 0.042 & 0.006 & 0.001 \\ 0.073 & 0.160 & 0.035 \\ 0.119 & 0.152 & 0.185 \end{bmatrix} \tag{8-6}$$

となる．域内生産分の投入係数行列 $\mathbf{Ad}$ を用いると，域内・域外を含めた最終需要の変化による域内への生産波及の過程をみることができる．例えば，産業2の域内生産財に1億円の需要増があったとする．その時，1億円の工業製品（直接の生産増）を生産するために産業1財0.006億円，産業2財0.160億円，産業3財0.152億円分の中間財需要が増加する．これが最終需要の変化による第1次生産波及効果である．これらの増産に必要な中間需要の増加を満たすため，第2次生産波及効果が起き，その生産波及は，さらに第3次，第4次……と続くことになる．このような生産波及効果の様子を表したものが**表8-2**である．

表8-2　最終需要の変化による生産波及

	直接 ΔF	第1次 生産波及 $\mathbf{Ad}\Delta F$	第2次 生産波及 $\mathbf{Ad}^2\Delta F$	第3次 生産波及 $\mathbf{Ad}^3\Delta F$	…	直接・間接の 生産波及 $(\mathbf{I}-\mathbf{Ad})^{-1}\Delta F$
産業1	0	0.006	0.001	0.000	…	0.008
産業2	1	0.160	0.031	0.007	…	1.200
産業3	0	0.152	0.053	0.015	…	0.226
合計	1	0.319	0.086	0.022	…	1.434

表8-2の域内生産財に対する最終需要の変化を $\Delta\mathbf{F}$ とあらわすと，その生産波及効果は，直接効果 ($\Delta\mathbf{F}$)，第1次生産波及 ($\mathbf{Ad}\Delta\mathbf{F}$)，第2次生産波及 ($\mathbf{Ad}^2\Delta\mathbf{F}$)，第3次生産波及 ($\mathbf{Ad}^3\Delta\mathbf{F}$) と続き，全てを合計すると，

$$\Delta\mathbf{F}+\mathbf{Ad}\Delta\mathbf{F}+\mathbf{Ad}^2\Delta\mathbf{F}+\mathbf{Ad}^3\Delta\mathbf{F}+\mathbf{Ad}^4\Delta\mathbf{F}+\cdots$$
$$=(\mathbf{I}+\mathbf{Ad}+\mathbf{Ad}^2+\mathbf{Ad}^3+\mathbf{Ad}^4+\cdots)\Delta\mathbf{F} \qquad (8\text{-}7)$$
$$=(\mathbf{I}-\mathbf{Ad})^{-1}\Delta\mathbf{F}=\mathbf{L}\Delta\mathbf{F}$$

となる．(8-7) 式は，第2章で紹介された地域マクロモデルの乗数効果を多部門モデルへと拡張したものであると解釈される．すなわち，ある産業の最終需要の変化 $\Delta\mathbf{F}$ を満たすために，当該産業の生産が誘発されるが，その影響は当該産業だけでなく，域内の他産業の生産をも誘発する．このような生産波及の過程を**表8-2**のように部門別に計算できることが，産業連関モデルの特徴である．

(8-7) 式中の $\mathbf{L}=(\mathbf{I}-\mathbf{Ad})^{-1}$ は，産業連関分析の開発者の名から，レオンチェフ逆行列（Leontief inverse）と呼ばれ，産業連関分析で重要な意味を持つ．レオンチェフ逆行列に最終需要ベクトルをかけることにより，最終需要の変化が域内経済の産業全体に与える生産波及額を計測することができる．

表8-1の数値例を用いると，レオンチェフ逆行列は，

$$\mathbf{L} = \begin{bmatrix} 1.045 & 0.008 & 0.002 \\ 0.098 & 1.200 & 0.051 \\ 0.171 & 0.226 & 1.236 \end{bmatrix} \tag{8-8}$$

となる．レオンチェフ逆行列を縦方向に読むと，ある産業の最終需要が1単位増加したときの各産業への直接・間接の生産誘発額が分かる．例えば，産業3の最終需要1億円の増加は，直接の生産増とそれを満たすための第1次生産波及，第1次生産波及を満たすための第2次生産波及，さらに第3次，第4次の生産波及を経て，最終的に産業1で0.002億円，産業2で0.051億円，産業3で1.236億円の域内生産を誘発する．これらの合計の1.289億円が，産業3の最終需要1億円増が域内経済にもたらす生産波及効果である．同様に，産業1，産業2の最終需要1億円の増加は，それぞれ，1.314億円，1.434億円の生産波及効果をもたらす．当初の1億円分の最終需要増が関連する産業の生産を誘発し，その関連産業のさらなる関連産業の生産を次々と誘発するため，経済全体では1億円以上の効果をもたらすことになる．

行列表記を用いると，域内競争移輸入型モデルの均衡生産額は，

$$\mathbf{X} = (\mathbf{I} - \mathbf{Ad})^{-1}((\mathbf{I} - \hat{\mathbf{M}})\mathbf{C} + \mathbf{E}) = \mathbf{LF} \tag{8-9}$$

とあらわされる．ここで，$\mathbf{X}, \mathbf{C}, \mathbf{E}$ は，それぞれ，域内生産額，域内最終需要，移出ベクトル（$n \times 1$）である．また，$\mathbf{F}$ は，域内生産物に対する最終需要の合計である．(8-9) 式を基本モデルとして，産業連関分析はさまざまな経済波及効果の算出に用いられている（例えば，総務省［2009］など）．

表8-1の数値例を用いると，域内生産物に対する最終需要は

$$\mathbf{F} = (\mathbf{I} - \hat{\mathbf{M}})\mathbf{C} + \mathbf{E} = \begin{bmatrix} 1,949 \\ 149,518 \\ 93,986 \end{bmatrix} \tag{8-10}$$

となり，(8-9) 式の均衡生産額は，

$$\mathbf{X} = \mathbf{LF} = \begin{bmatrix} 1.045 & 0.008 & 0.002 \\ 0.098 & 1.200 & 0.051 \\ 0.171 & 0.226 & 1.236 \end{bmatrix} \begin{bmatrix} 1,949 \\ 149,518 \\ 93,986 \end{bmatrix} = \begin{bmatrix} 3,397 \\ 184,517 \\ 150,258 \end{bmatrix} \quad (8\text{-}11)$$

となる．

(2) 産業間の連関性指標

前節でみたとおり，レオンチェフ逆行列の各要素は，ある部門における最終需要を満たすために当該部門およびその他の部門が直接・間接に生産しなければならない生産額を表している．したがって，レオンチェフ逆行列の各要素は，産業間の連関性 (linkage) の情報を縮約したものであると解釈される．そのため，レオンチェフ逆行列を用いて，産業間の相互依存関係の強さを表すさまざまな指標が考案されている．この節では，それらのうち，域内の基盤産業の把握のために用いられる指標を紹介する[3]．

(8-7) 式で，第 k 産業の最終需要が1単位増加し，その他の産業の最終需要は変化しない場合，最終需要の変化は，

$$\Delta \mathbf{F} = [0 \ \cdots \ 0 \ 1 \ 0 \ \cdots \ 0]' \quad (8\text{-}12)$$

で表される．このとき，(8-7) 式は，

$$\mathbf{L}\Delta\mathbf{F} = [l_{1k} \ \ l_{2k} \ \cdots \ l_{nk}]' \quad (8\text{-}13)$$

となり，レオンチェフ逆行列 $\mathbf{L}$ の第 k 列に相当する．ここで，l_{ij} は，レオンチェフ逆行列の ij 要素である．また，(8-13) 式の総和は，産業 k の財1単位を生産するために，当該産業および他産業が産出する生産額の合計を表す．最終需要の変化は，(8-7) 式のように，最終需要の変化そのもの ($\Delta\mathbf{F}$)，その財生産のための中間財 ($\mathbf{Ad}\Delta\mathbf{F}$)，さらにその中間財 ($\mathbf{Ad}^2\Delta\mathbf{F}$) へと波及し，最終的にその原材料の発掘まで効果が及ぶ．そのため，(8-13) 式の総和は産業 k が生産する財の最終需要が経済全体に与える影響力と解釈される．この考え方に

したがって，産業 k の影響力係数（index of the power of dispersion）は，以下のように定義される．

$$\frac{\sum_i l_{ik}}{\sum_i \sum_j l_{ij}/n} \tag{8-14}$$

影響力係数が1.0より大きい産業は，当該地域内での他産業への影響が大きい産業であると解釈される．したがって，影響力係数が大きい産業は地域経済の主要産業（key sector あるいは leading sector）であり，基盤産業の有力候補とみなすことができる．影響力係数は，当該経済の部門間の後方連関（backward linkage）を示す指標として広く用いられている．

影響力係数と並んで，産業連関分析でよく用いられる指標に感応度係数がある．すべての産業の最終需要が一律に1単位増加する場合，すなわち，最終需要の変化を，

$$\Delta \mathbf{F} = [1 \ \cdots \ 1 \ 1 \ 1 \ \cdots \ 1]' \tag{8-15}$$

とすると，その生産波及効果 (8-7) 式は，

$$\mathbf{L}\Delta \mathbf{F} = [\sum_j l_{1j} \ \sum_j l_{2j} \ \cdots \ \sum_j l_{nj}]' \tag{8-16}$$

となる．(8-16) 式の第 k 要素は，(8-15) 式の最終需要の変化によって誘発される第 k 産業の生産量となる．そのため，第 k 産業が他産業の影響を受けやすい産業ならば，(8-16) 式の第 k 要素は大きくなる傾向にある．この考えにしたがって，産業 k の感応度係数（index of the sensitivity of dispersion）は，以下のように定義される．

$$\frac{\sum_j l_{kj}}{\sum_i \sum_j l_{ij}/n} \tag{8-17}$$

感応度係数が1.0より大きい産業は，当該地域内での他産業からの影響を大きく受ける産業であると解釈される．感応度係数は，当該産業の前方連関（forward linkage）を示す指標であるとされる．

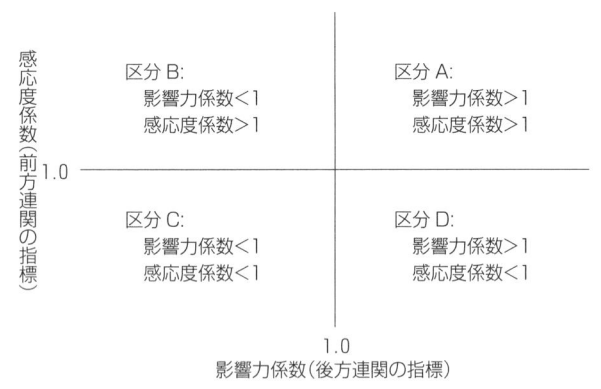

```
                 区分 B:              区分 A:
感                 影響力係数<1         影響力係数>1
応                 感応度係数>1         感応度係数>1
度
係
数 1.0 ─────────────┼─────────────
(
前
方                 区分 C:              区分 D:
連                 影響力係数<1         影響力係数>1
関                 感応度係数<1         感応度係数<1
の
指
標
)
                        1.0
              影響力係数(後方連関の指標)
```

図8-1　影響力係数と感応度係数による産業の区分

　土居・浅利・中野［1996］は，**図8-1**のように，横軸に影響力係数（後方連関の指標），縦軸に感応度係数（前方連関の指標）をとった散布図を用い，域内の各産業を4区分に分類する方法を紹介している．

　区分Aに属する産業は，産業全体に対する影響力が大きく，同時に，他産業の影響を受けやすい部門である．この区分には，主に原材料製造業部門が該当する［総務省 2009］．また，区分Bに属する産業は，産業全体に対する影響力は小さいものの，他産業からの影響を受けやすい．区分Bには，主にサービス提供部門が該当する．区分Cに属する産業は，他産業への影響力も，他産業からの感応度も小さい部門であり，主に第1次産業型や他部門とのかかわりの少ない独立型の産業が該当する．最後に，区分Dに属する産業は，他産業への影響力が大きいものの，他産業からの影響を受けにくい部門である．主に最終消費財の製造業が該当する．主要産業を，当該地域の経済成長の原動力となりうる産業であると定義すると，産業連関モデルによる影響力係数と感応度係数を用いてその特定を行うことが可能である．

　この方法による産業の類型化は，広く行われている（例えば，総務省［2009］，

静岡県企画部［2010］）が，その一方で，感応度係数の利用に批判的な意見もある．その理由は，感応度係数の根拠となる（8-15）式の仮定がきわめて特殊なものであることが挙げられる（例えば，Miller and Blair［2009］，環太平洋産業連関分析学会編［2010］など）．そこで，本章では，第2章で定義された域外需要を対象とする基盤産業を見つけるため，前方連関を示す指標として，感応度係数のかわりに，移出による生産誘発係数を用いた産業の類型化を行うこととする．

移出による生産誘発額ベクトルは，（8-9）式より，$\mathbf{LE}$ で求められる．移出による第 k 産業の生産誘発額は，$\mathbf{LE}$ の第 k 要素 $\sum_j e_j l_{kj}$ となる．これを移出総額（$\sum_i e_i = \mathbf{E}$ の要素の合計）で割ると，移出による生産誘発係数

$$\frac{\sum_j e_j l_{kj}}{\sum_i e_i} = \sum_j s_j l_{kj} \tag{8-18}$$

が求められる．ここで，s_j は，移出総額に占める第 j 産業のシェアである．したがって，（8-18）式は，移出額の構成比を加重としたレオンチェフ逆行列の第 k 行の要素の加重和となっている．（8-17）式で定義した感応度係数の分子と比較すると，実際の移出額の構成比にもとづいた計算が行われるため，非現実的な最終需要にもとづいて計算される感応度係数の欠点を補いつつ，域内産業の相互依存関係を把握するために利用可能である．また，基盤産業（移出産業）を把握しようとする本章の目的には，移出による生産誘発係数を用いることが自然である．（8-18）式の値が全産業部門の平均よりも大きい場合，当該産業は移出による影響を大きく受けている産業であり，基盤産業の有力候補と考えることができる．

表8-3は，表8-1の数値例を用いた連関性指標の計算結果をまとめたものである．感応度係数では，前方連関の強さが，産業3，産業2，産業1の順となる．一方，移出による生産誘発係数で前方連関の強さを評価すると，産業2，産業3，産業1となる．先に述べたとおり，感応度係数は，全ての産業に共通の最終需要が増加することを仮定したものである．表8-1の数値例では，移出の構成比（(8-18) 式中の s_j）は，産業1が1.0%，産業2が82.4%，産業3が16.6%で

表8-3　産業間の連関性指標

	影響力係数	感応度係数	生産誘発係数 (移出)	総合連関指標
産業1	0.976	0.784	0.017	0.26%
産業2	1.066	1.003	0.999	10.62%
産業3	0.958	1.213	0.393	1.91%

あり，感応度係数の根拠となっている (8-15) 式の仮定は，非現実的であるといわざるを得ない．このことは，感応度係数の解釈の困難さを示唆している．

前記の影響力係数 ((8-14) 式)，感応度係数 ((8-17) 式)，生産誘発係数 ((8-18) 式) は，レオンチェフ逆行列をもとに計算される．一方，地域経済の中で，どの産業が重要であるか，すなわち，どの産業が主要産業であるかを把握するためには，経済全体の生産誘発額に対し，その産業がどの程度貢献しているかを測る方法も考えられる．仮想的抽出法 (hypothetical extraction method) と呼ばれる手法は，ある産業が存在しない仮想的な経済と現実の経済の誘発生産額を比較する方法である．仮想的な経済で生産減少額が大きい産業は，その経済において重要度が高い主要産業であると解釈される．

仮想的抽出法で計算される係数の一つに総合連関指標 (index of total linkage) がある．総合連関指数は下記のように求められる．まず，産業 k が存在しない仮想的経済の投入産出関係を，$\overline{\mathbf{Ad}}_{(k)}$ で表すことにする．$\overline{\mathbf{Ad}}_{(k)}$ は，域内生産分の投入係数行列 $\mathbf{Ad}$ ((8-5) 式) の第 k 列と第 k 行の全ての要素をゼロとした行列である．表8-1の数値例では，(8-6) 式の行と列をゼロで置き換えることにより，

$$\overline{\mathbf{Ad}}_{(1)}=\begin{bmatrix}0 & 0 & 0\\0 & 0.160 & 0.035\\0 & 0.152 & 0.185\end{bmatrix}, \quad \overline{\mathbf{Ad}}_{(2)}=\begin{bmatrix}0.042 & 0 & 0.001\\0 & 0 & 0\\0.119 & 0 & 0.185\end{bmatrix},$$

$$\overline{\mathbf{Ad}}_{(3)}=\begin{bmatrix}0.042 & 0.006 & 0\\0.073 & 0.160 & 0\\0 & 0 & 0\end{bmatrix}$$

(8-19)

の3種類の仮想的経済の投入係数行列ができる．次に，産業kが存在しない仮想的経済の域内生産物に対する最終需要を，$\overline{\mathbf{F}}_{(k)}$と表す．$\overline{\mathbf{F}}_{(k)}$は，域内生産物の最終需要$\mathbf{F}$の第$k$要素をゼロとしたベクトルである．**表8-1**の数値例では，(8-10)式の要素をゼロで置き換えて，

$$\overline{\mathbf{F}}_{(1)} = \begin{bmatrix} 0 \\ 149{,}518 \\ 93{,}986 \end{bmatrix}, \quad \overline{\mathbf{F}}_{(2)} = \begin{bmatrix} 1{,}949 \\ 0 \\ 93{,}986 \end{bmatrix}, \quad \overline{\mathbf{F}}_{(3)} = \begin{bmatrix} 1{,}949 \\ 149{,}518 \\ 0 \end{bmatrix} \qquad (8\text{-}20)$$

の3種類の仮想的経済の最終需要ベクトルができる．これらを用いて，(8-9)式のように，仮想的経済での域内生産額ベクトル

$$\overline{\mathbf{X}}_{(k)} = (\mathbf{I} - \overline{\mathbf{Ad}}_{(k)})^{-1} \overline{\mathbf{F}}_{(k)} \qquad (8\text{-}21)$$

を求める．(8-21)式は，産業kが存在しない場合の生産額であると解釈される．ここで，ιを全ての要素が1のベクトル($n \times 1$)とすると，現実の域内生産額ベクトル$\mathbf{X}$，仮想的経済での域内生産額$\overline{\mathbf{X}}_{(k)}$の合計は，それぞれ，$\iota'\mathbf{X}, \iota'\overline{\mathbf{X}}_{(k)}$と表される．第$k$産業を除く現実の域内生産額$\iota'\mathbf{X} - x_k$と，仮想的経済の域内生産額の差$\iota'\mathbf{X} - x_k - \iota'\overline{\mathbf{X}}_{(k)}$は，第$k$産業の域内経済での実質的な貢献であると解釈される．現実経済と仮想的経済の域内生産額の差を現実経済からの変化率の形

$$\frac{\iota'\mathbf{X} - x_k - \iota'\overline{\mathbf{X}}_{(k)}}{\iota'\mathbf{X}} \qquad (8\text{-}22)$$

で表したものが総合連関指標である［Miller and Blair 2009: 563］．総合連関指標が大きい産業は，当該経済における重要度が高い産業，当該経済を主導する中心的な産業であると解釈できる．

第2章および第3章で議論したとおり，地域の基盤産業は，「稼ぐ力」を持つ移出産業であり，かつ，地域での重要度が高く，他産業への経済波及効果が大きい産業である．地域の基盤産業を見つけるため，本章では，基盤産業の判定を以下の2段階で行った．

1. 総合連関指標が平均以上の産業を，地域経済を牽引する主要産業であるとする．
2. 主要産業のうち，影響力係数が1以上で，かつ，移出による生産誘発係数が平均以上の産業を，「稼ぐ力」を持つ産業，すなわち，基盤産業であると判定する．

2　域内産業連関表による基盤産業の把握

(1) データ加工に関する諸問題

　一般に，産業連関表はアクティビティ・ベースでの分類を原則として作成されている．すなわち，一つの企業内で複数の生産活動（アクティビティ）が行われる場合は，その取引をそれぞれ異なった部門で行ったものとして計上する．現実には，例えば家電メーカーが生産する財の輸送の一部が自社内で行われることがある．アクティビティ・ベースの考え方にのっとれば，同一企業内で行われる家電の生産は電気機械部門の活動で計上され，生産された家電の輸送（の一部）は，輸送部門（自家輸送）として計上される．

　実際，これらの自家輸送は，全国表［総務省 2009］や静岡県表をはじめとした多くの都道府県産業連関表で仮設部門として別掲されている．その場合，各部門が現実に行っている自家輸送に必要な燃料や自動車修理等の財・サービスを，いったん，仮設部門である自家輸送部門に産出し，各部門が改めて自家輸送を購入するという取引関係を表す形式となっている［総務省 2009：114］．

　2005年静岡県産業連関表でも前記のように，自家輸送部門を別掲している．公表されている静岡県産業連関表をそのまま32部門に統合した場合，自家輸送部門は運輸業の活動に含まれてしまう．そのため，輸送部門と各産業の投入産出関係が過大評価され，自家輸送部門が含まれる運輸業の指標が過大となる可能性がある．

　経済産業省が作成する全国9地域内表およびいくつかの県が作成する産業連

関表では，自家輸送部門を別掲していない場合もある［新井・佐藤 2011；高瀬 2013］．自家輸送部門を別掲しないことにより，各産業部門の活動からエネルギー部門への生産波及効果を計測することできる［新井・佐藤 2011：6］．なお，自家輸送部門を別掲している産業連関表と別掲していない表では，それぞれに利点があるため，全国表については，両方の表が公表されている．

　本章の主目的である地域の基盤産業特定のためには，ある産業部門の活動からエネルギー部門を含むほかの多くの部門への影響力を計測することが必要である．したがって，その際のデータベースとして産業連関表を用いる場合には，自家輸送が別掲されていない表を使うほうが望ましい．実際，自家輸送を別掲している表を用いると，運輸業が静岡県の基盤産業と判定されてしまい，あたかも運輸業が静岡県経済を牽引しているかのような誤解を与えてしまう．そのため，本章では，高瀬［2013］で用いた下記の調整を行い，自家輸送部門の活動を産業の主たる生産活動の一環として取り扱うこととした．

　仮設部門である自家輸送部門 T から第 k 部門への投入額を $\bar{x}_{Tk}$ とあらわす．まずは，その行方向の比率

$$r_{Tk} = \bar{x}_{Tk} / \sum_i \bar{x}_{Ti} \tag{8-23}$$

を求めた．次に，(8-23) 式の比率に応じて，自家輸送部門に投入される燃料や車両修理等の投入額を各産業部門に割り振り，それらを各産業の投入額に追加した．すなわち，自家輸送部門を別掲しない新たな表における燃料 p の第 k 部門への投入は，

$$x_{pk} = \bar{x}_{pk} + r_{Tk} \times \bar{x}_{pT} \tag{8-24}$$

とあらわされる．ここで，$\bar{x}_{pk}, \bar{x}_{pT}$ は，それぞれ，燃料 p の第 k 部門への投入，燃料 p の自家輸送部門 T への投入である．(8-24) 式を用いれば，自家輸送部門を調整した表の燃料 p の第 k 部門への投入は，主たる生産に必要な燃料 p の投入額（$\bar{x}_{pk}$）と自家輸送に必要な燃料 p の投入額の推計値（$r_{Tk} \times \bar{x}_{pT}$）の合計

となる．その他，車両修理や保険等の自家輸送に関連する投入についても，(8-24) 式の方法で調整することができる．これらの調整を静岡県表，後の比較に用いる他の工業県の産業連関表について行った[4]．各県で公表されている最も細かい部門分類の産業連関表をもとに (8-24) 式の調整を行い，分析の目的に合わせて部門統合を行った．

(2) 静岡県の基盤産業の把握

前記のように調整した2005年静岡県産業連関表を用い，第1節で紹介した総合連関指標 ((8-22) 式)，影響力係数 ((8-14) 式)，移出による生産誘発係数 ((8-18) 式) を算出した．それらの結果を**表8-4**にまとめる．また，本章の判定基準との比較を行うため，域内の生産額構成比，感応度係数 ((8-17) 式) を併記した．さらに，第3章で紹介した特化係数法との比較を行うため，産業連関表の付帯表として公表されている雇用表を用いて算出した特化係数の合成指標，および，産業連関表の生産額を用いて算出した特化係数の合成指標を追加した．また，各指標についてのランキングを1位から3位まで記載した．

まずは，総合連関指標 ((8-22) 式) を用いて，地域経済を牽引する主要産業を抽出する．先に述べたとおり，総合連関指標が大きい産業は，域内経済での重要度が高い産業である．**表8-4**によると，総合連関指標の32部門の平均は0.74％である．それを超える部門は，「06化学製品」「03食料品」「05パルプ・紙・木製品」「06化学製品」「12一般機械」「13電気機械」「14輸送機械」「16その他の製造工業製品」「17建設」「20商業」「22不動産」「23運輸」「26教育・研究」「27医療・保健・社会保障・介護」「29対事業所サービス」「30対個人サービス」「32分類不明」の16産業部門である．これらを地域経済の主要産業とする．

次に，主要産業のうち，影響力係数が1.0以上の産業は，「05パルプ・紙・木製品」「06化学製品」「13電気機械」「14輸送機械」「32分類不明」の5部門である．これらの産業の需要増は域内の他産業への波及が大きく，域内の主要産業の中でも特に域内経済を牽引する力が大きい産業であるといえる．

第8章 産業連関モデルによる基盤産業の把握　163

表8-4　静岡県経済における産業間の連関性指標（2005年）

	部門名	総合連関指標	影響力係数	生産誘発係数（移出）	生産額構成比	感応度係数	特化係数の合成指標（従業者）	特化係数の合成指標（生産額）
01	農林水産業	0.21%	0.950	0.017	0.010	0.850	0.597	-0.628
02	鉱業	0.02%	1.088(2位)	0.001	0.001	0.806	-0.788	-0.999
03	食料品	1.53%	0.965	0.123(3位)	0.068(3位)	0.844	0.245	1.232(3位)
04	繊維製品	0.09%	0.951	0.007	0.004	0.779	-0.542	-0.687
05	パルプ・紙・木製品	0.82%	1.030	0.071	0.036	1.088	0.502	1.440(2位)
06	化学製品	1.12%	1.043	0.069	0.034	0.894	0.144	0.175
07	石油・石炭製品	0.01%	0.896	0.001	0.001	0.763	-0.996	-1.362
08	窯業・土石製品	0.16%	1.019	0.008	0.005	0.824	-0.734	-0.755
09	鉄鋼	0.09%	0.944	0.010	0.005	0.860	-0.921	-1.153
10	非鉄金属	0.27%	1.028	0.028	0.014	0.925	0.493	0.335
11	金属製品	0.30%	0.934	0.025	0.013	0.831	-0.079	-0.318
12	一般機械	0.87%	0.965	0.070	0.038	0.816	0.086	0.227
13	電気機械	2.18%(2位)	1.001	0.151(2位)	0.074(2位)	0.810	0.597	1.197
14	輸送機械	2.46%(1位)	1.065	0.282(1位)	0.139(1位)	0.966	1.577(1位)	3.043(1位)
15	精密機械	0.21%	0.974	0.014	0.007	0.760	-0.036	0.262
16	その他の製造工業製品	1.06%	0.985	0.085	0.043	1.009	0.296	0.656
17	建設	1.76%(3位)	0.969	0.008	0.063	1.063	0.475	0.439
18	電力・ガス・熱供給	0.58%	1.019	0.028	0.018	1.001	-0.439	-0.343
19	水道・廃棄物処理	0.19%	0.998	0.006	0.008	0.979	-0.562	-0.530
20	商業	1.72%	0.958	0.088	0.066	1.329(3位)	1.321(2位)	0.208
21	金融・保険	0.68%	0.994	0.035	0.037	2.241(1位)	-0.421	-0.084
22	不動産	0.86%	0.874	0.007	0.056	0.960	-0.660	0.211
23	運輸	0.92%	0.974	0.056	0.037	1.167	0.148	-0.070
24	通信・放送	0.51%	1.002	0.020	0.022	1.214	-0.681	-0.668
25	公務	0.51%	0.895	0.002	0.027	0.911	-0.336	-0.398
26	教育・研究	0.91%	0.935	0.038	0.039	1.197	-0.030	0.090
27	医療・保健・社会保障・介護	0.85%	0.936	0.000	0.038	0.767	-0.253	-0.153
28	その他の公共サービス	0.11%	0.935	0.002	0.004	0.794	-0.531	-0.628
29	対事業所サービス	0.76%	0.961	0.047	0.040	2.026(2位)	0.347	-0.224
30	対個人サービス	1.31%	0.972	0.032	0.047	0.799	0.974(3位)	0.121
31	事務用品	0.06%	1.088(3位)	0.002	0.001	0.803	-1.223	-0.615
32	分類不明	0.75%	1.650(1位)	0.009	0.006	0.923	0.925	-0.024
	32部門の平均	0.74%	1.000	0.042	0.031	1.000	0.000	0.000

最後に,「稼ぐ力」の評価として,移出による生産誘発係数が32部門の平均値(0.042)を超える「05パルプ・紙・木製品」「06化学製品」「13電気機械」「14輸送機械」の4部門を抽出した.これらの4部門を,「稼ぐ力」を持つ移出産業であり,かつ,地域での重要度が高く,他産業への経済波及効果が大きい産業,すなわち域内の基盤産業と判定した.表8-4の中の網掛け部分は,基盤産業をあらわす.

前記の判定基準を視覚的に表したものが図8-2である.図8-2は,表8-4のうち,製造業だけを取り出してプロットしたバブルチャートである.図8-2の横軸は影響力係数,縦軸は移出による生産誘発係数を表す.また,バブルの大きさは,総合連関指標の大きさを表す.なお,総合連関指標と生産額構成比との相関係数は0.938であるため,バブルの大きさはほぼ生産額構成比を表していると考えてよい.図8-1とは縦軸が異なるが,解釈が容易な生産誘発係数を前方連関の指標として用いることで,基盤産業の抽出に役立てることができる.本章では,区分Aに属する産業を,域内の他産業への影響が大きく,移出される財の生産を直接・間接に支える基盤産業と判定した.

なお,表8-4によると,前記の方法で判定された基盤産業には,生産額構成比,特化係数の合成指標(従業者),特化係数の合成指標(生産額)で1位となる「14輸送機械」が含まれている.一方,他の指標では上位ではない「06化学製品」が含まれていることが特徴的である.また,生産額構成比で3位の「03食料品」は,他産業の影響力係数が1未満であるため,基盤産業であるとは判定されなかった.さらに,生産額構成比では上位ではない「05パルプ・紙・木製品」「06化学製品」が,基盤産業と判定されている.

特化係数等による基盤産業の把握と産業連関モデルの指標を用いた判定に違いがあることは,以下のように説明できる.例えば,第k産業の特化係数やそれをもとに算出される合成指標がその生産額X_kで産業の重要度をみようとしているのに対し,産業連関モデルの指標は,第k産業の域内生産物に対する需要増に対する域内の他部門への波及をも考慮する.例えば,「06化学製品」のよ

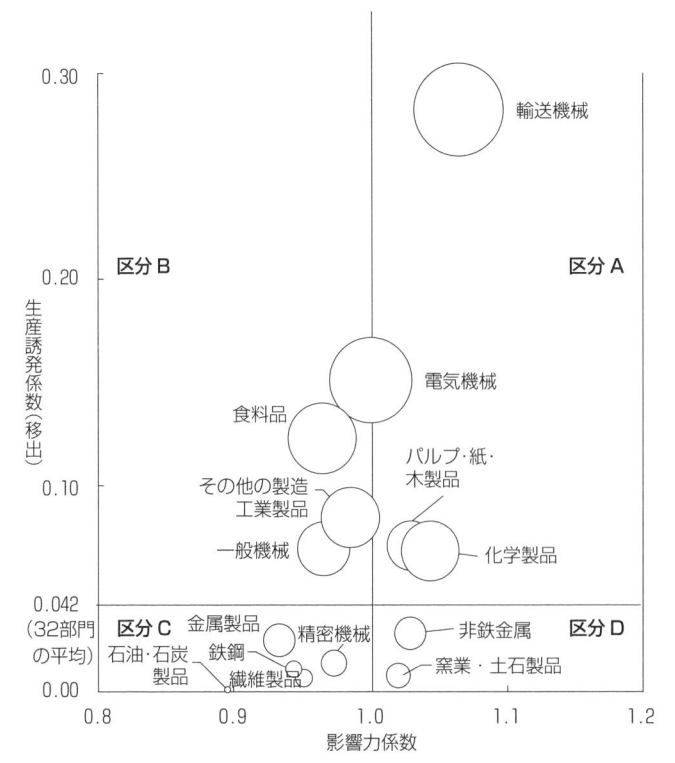

図8-2 影響力係数と生産誘発係数

(注) ○の大きさ＝総合連関指標（域内経済での重要度）．

うに，生産額が比較的小さい産業であっても，中間財生産を通して域内生産物の移出をサポートしている場合がある．このような場合，産業連関モデルを応用すれば，その産業の地域産業への貢献の大きさを適切に評価することができる．ただし，そのどちらのアプローチが望ましいかは，基盤産業の定義や問題の設定によって異なるため，把握しようとする対象に応じて，適当な方法を選択すべきである．また，第3章で指摘されたとおり，産業連関表が利用できない市町村レベルの分析には，本章の方法は適用できないことも留意しなければならない．

3 主要産業の経年変化

第1章で指摘されたとおり，静岡県の産業構造は国の政策や世界経済をめぐる情勢によって変化してきた．そこで，1995年および2000年静岡県産業連関表をデータベースとして用いて，前節と同様の分析を行った．その結果を**表8-5**にまとめた．各指標の計算は自家輸送部門調整済みの32部門表で行ったが，製造業の部分のみ報告する[5]．

表8-5の網掛け部分が基盤産業と判定された産業を表す．**表8-5**をみると，この期間内に，静岡県経済の基盤産業に変化があったことがわかる．「03食料品」および「16その他の製造工業品」は，1995年および2000年で基盤産業であると判定されたが，2005年の影響力係数が1.0未満となったため，基盤産業で

表8-5 静岡県の基盤産業の経年変化

部門名		1995年静岡県 総合連関指標	影響力係数	生産誘発係数（移出）	2000年静岡県 総合連関指標	影響力係数	生産誘発係数（移出）	2005年静岡県 総合連関指標	影響力係数	生産誘発係数（移出）
03	食料品	1.59%	1.043	0.094	1.55%	1.018	0.103	1.53%	0.965	0.123
04	繊維製品	0.17%	0.965	0.015	0.11%	0.963	0.010	0.09%	0.951	0.007
05	パルプ・紙・木製品	1.03%	1.043	0.095	0.90%	1.031	0.084	0.82%	1.030	0.071
06	化学製品	1.78%	1.079	0.102	1.53%	1.073	0.089	1.12%	1.043	0.069
07	石油・石炭製品	0.01%	0.996	0.001	0.01%	0.965	0.001	0.01%	0.896	0.001
08	窯業・土石製品	0.20%	1.060	0.009	0.20%	1.041	0.011	0.16%	1.019	0.008
09	鉄鋼	0.10%	0.970	0.011	0.07%	0.962	0.008	0.09%	0.944	0.010
10	非鉄金属	0.28%	0.983	0.029	0.30%	0.987	0.027	0.27%	1.028	0.028
11	金属製品	0.36%	0.952	0.031	0.32%	0.955	0.026	0.30%	0.934	0.025
12	一般機械	0.76%	0.979	0.069	0.80%	0.980	0.073	0.87%	0.965	0.070
13	電気機械	2.24%	1.035	0.174	2.35%	1.022	0.184	2.16%	1.001	0.151
14	輸送機械	1.80%	1.099	0.209	1.93%	1.078	0.228	2.46%	1.065	0.282
15	精密機械	0.16%	1.022	0.011	0.19%	1.004	0.014	0.21%	0.974	0.014
16	その他の製造工業製品	1.18%	1.020	0.088	1.06%	1.002	0.088	1.06%	0.985	0.085
	32部門の平均	0.71%	1.000	0.042	0.72%	1.000	0.042	0.74%	1.000	0.042

はなくなった．この結果は，2005年以前に，「03食料品」および「16その他の製造工業品」の生産物を中間財として投入する他の産業への供給が，域内から域外にシフトしたことを示唆している．

4　他の工業県との比較

　前節と同じ方法を，第1章でとりあげた全国総合開発計画で選定された工業整備特別地域を含む6県（茨城県，静岡県，愛知県，兵庫県，広島県，山口県）に適用し，基盤産業の比較を行う．なお，兵庫県以外の2005年産業連関表では自家輸送部門が別掲されているため，前節と同じ調整を行った．各指標の計算は自家輸送部門調整済みの32部門表で行ったが，製造業の部分のみ報告する．**表8-6**に基盤産業の判定に用いた指標と判定結果をまとめた．**表8-6**の網掛け部分が基盤産業と判定された産業をあらわす．

　鹿島地区を有する茨城県では，「03食料品」「06化学製品」「09鉄鋼」「11金属製品」「12一般機械」「16その他の製造工業製品」が基盤産業と判定された．茨城県では「08窯業・土石製品」「10非鉄金属」の影響力係数が高い（それぞれ，1.014，1.017）ものの，総合連関指標が32部門の平均未満となったため，本章の判定基準では基盤産業とならなかった．

　次に，東三河地区が所在する愛知県の基盤産業は，「12一般機械」「13電気機械」「14輸送機械」「16その他の製造工業製品」の4部門となった．自動車製造を含む「14輸送機械」の総合連関指標（5.94％），影響力係数（1.306），移出による生産誘発係数（0.548）が他の部門と比較して突出して大きいことが，愛知県の特徴である．

　播磨地区を含む兵庫県の基盤産業は，「06化学製品」「09鉄鋼」「13電気機械」の3部門であることが確認された．他の工業県と比較すると，兵庫県の製造業の影響力係数は概ね低く，突出した主要産業を持たないことが特徴的である．

表8-6 県別の主要産業類型（2005年）

	部門名	茨城県 総合連関指標	茨城県 影響力係数	茨城県 生産誘発係数(移出)	愛知県 総合連関指標	愛知県 影響力係数	愛知県 生産誘発係数(移出)	兵庫県 総合連関指標	兵庫県 影響力係数	兵庫県 生産誘発係数(移出)
03	食料品	1.81%	1.018	0.131	0.85%	0.995	0.041	1.25%	0.993	0.102
04	繊維製品	0.06%	0.960	0.005	0.18%	0.936	0.015	0.08%	0.949	0.009
05	パルプ・紙・木製品	0.36%	0.999	0.031	0.32%	0.984	0.023	0.29%	0.994	0.028
06	化学製品	1.50%	1.100	0.143	0.52%	1.007	0.033	0.84%	1.026	0.071
07	石油・石炭製品	0.29%	0.846	0.068	0.05%	0.761	0.012	0.04%	0.887	0.005
08	窯業・土石製品	0.40%	1.014	0.028	0.40%	0.989	0.024	0.22%	1.018	0.015
09	鉄鋼	0.94%	1.184	0.154	0.72%	1.158	0.084	0.79%	1.061	0.140
10	非鉄金属	0.46%	1.017	0.052	0.17%	0.986	0.017	0.13%	0.945	0.016
11	金属製品	0.90%	1.066	0.051	0.77%	1.040	0.036	0.57%	0.995	0.046
12	一般機械	1.64%	1.004	0.132	1.91%	1.036	0.106	1.29%	0.984	0.123
13	電気機械	1.17%	0.995	0.102	1.71%	1.070	0.103	1.95%	1.021	0.170
14	輸送機械	0.27%	0.976	0.023	5.94%	1.306	0.548	0.71%	0.985	0.071
15	精密機械	0.18%	0.977	0.014	0.13%	1.021	0.005	0.04%	0.996	0.003
16	その他の製造工業製品	1.27%	1.030	0.094	1.14%	1.001	0.087	0.77%	0.988	0.071
	32部門の平均	0.69%	1.000	0.042	0.95%	1.000	0.050	0.69%	1.000	0.041

	部門名	広島県 総合連関指標	広島県 影響力係数	広島県 生産誘発係数(移出)	山口県 総合連関指標	山口県 影響力係数	山口県 生産誘発係数(移出)
03	食料品	0.78%	0.977	0.044	0.72%	1.050	0.030
04	繊維製品	0.08%	0.965	0.007	0.05%	0.970	0.004
05	パルプ・紙・木製品	0.53%	1.009	0.038	0.50%	1.102	0.033
06	化学製品	0.50%	0.978	0.040	3.63%	1.166	0.283
07	石油・石炭製品	0.07%	0.951	0.005	0.49%	0.810	0.184
08	窯業・土石製品	0.07%	1.004	0.003	0.51%	1.034	0.030
09	鉄鋼	1.81%	1.320	0.304	0.75%	1.005	0.113
10	非鉄金属	0.34%	1.190	0.014	0.18%	0.978	0.021
11	金属製品	0.47%	1.098	0.022	0.36%	0.983	0.025
12	一般機械	1.92%	1.012	0.131	0.43%	0.943	0.039
13	電気機械	1.13%	1.036	0.067	0.61%	1.015	0.040
14	輸送機械	3.20%	1.024	0.261	1.53%	1.009	0.186
15	精密機械	0.15%	1.027	0.009	0.05%	0.979	0.004
16	その他の製造工業製品	1.69%	1.016	0.073	0.73%	1.056	0.040
	32部門の平均	0.88%	1.000	0.047	0.70%	1.000	0.042

また，備後地区を有する広島県の基盤産業は，「09鉄鋼」「12一般機械」「14輸送機械」「16その他の製造工業製品」となった．これらの基盤産業の中で，「14輸送機械」の総合連関指標（3.20％），「09鉄鋼」の影響力係数（1.320）が特に大きいことが特徴的である．

周南地区が所在する山口県の基盤産業は，「06化学製品」「09鉄鋼」「14輸送機械」である．そのうち，「06化学製品」の総合連関指標（3.63％），影響力係数（1.166）がともに大きいことが特徴的である．一方で，「07石油・石炭製品」の移出による生産誘発係数（0.184）は大きいものの，他部門への影響力係数が小さい（0.810）ため，基盤産業とは認められなかった．

最後に，本章で判定した静岡県と他の5県の基盤産業について検討する．「05パルプ・紙・木製品」が基盤産業であると判定されたのは静岡県だけである．生産額構成比のランキングで，「05パルプ・紙・木製品」は32部門中15位であるが，中間財需要を通した県内他産業への影響が大きいことと移出の影響を受けやすい部門であることから，静岡県経済の基盤産業であると判定された．

また，「09鉄鋼」は茨城県，兵庫県，広島県，山口県では基盤産業と判定されたものの，静岡県では総合連関指標（0.09％），影響力係数（0.944），移出による生産誘発係数（0.010）の全てが低い数値となった．静岡県には大規模な製鉄所がないため，基盤産業とはならなかったものと思われる．他の5県には大規模な製鉄所が所在し［日本鉄鋼連盟（2015）］，地域経済を牽引していることが示唆された．ただし，愛知県の場合は，先に述べたとおり，「14輸送機械」の総合連関指標（5.94％）が他の産業と比べて突出して大きいことに加え，「20商業」の総合連関指標（3.29％）の大きさによって，「09鉄鋼」の重要度を示す総合連関指標（0.72％）が相対的に低い評価となったことが，基盤産業と判定されなかった要因である．このように，本章の判定方法は，総合連関指標の基準，すなわち，主要産業の判定基準によって，結果が異なる可能性がある．この問題に対応するため，判定基準に関する感度分析や適切な判定基準の設定方法の検討を今後の課題としたい．

おわりに

　本章では，地域内産業連関表と産業連関モデルを用いて，地域の基盤産業の把握を試みた．例としてあげた2005年静岡県産業連関表を用いた分析については，「05パルプ・紙・木製品」「06化学製品」「13電気機械」「14輸送機械」が基盤産業と判定された．また，同じ手法を静岡県を対象に時系列方向の比較，静岡県を中心に他県（横断面方向）との比較に用いた．

　本章で提唱した域内経済の基盤産業の判定方法は，当該産業の域内生産額比や就業者比率を用いた判定とは異なり，域内経済の部門間の相互依存関係を考慮したものである．ただし，本章の分析結果は，集計度の高い32部門表を用いた分析であることに留意しなければならない．例えば，一口に「15精密機器」と言っても，その部門の生産物は，腕時計からカメラ，医療用機械器具など，多岐にわたる．これらの生産活動を同じ投入係数体系で説明することには，やや無理があるように思われる．本章の方法は，より細かい部門分類を用いた基盤産業の特定に応用することが可能であるが，第4節で指摘したとおり，適切な判定基準の設定についてはより慎重な検討が必要である．

　また，部門間の連関性を示すためには，本章で用いたレオンチェフ逆行列をベースとした影響度係数や感応度係数のほかにも数多くの指標が提唱されている．特に第1節で指摘したように，感応度係数の解釈については，否定的な意見があることは事実である．その代替案として，本章では移出による生産誘発係数を用いた．そのほかにも，前方連関を示す指標として，ゴーシュ逆行列（Ghosh inverse）を用いた指標（例えば，Miller, and Blair [2009: Chap.12]）を用いることも考慮する必要がある．投入係数行列をベースとするレオンチェフ逆行列と異なり，ゴーシュ逆行列は産出係数行列をベースにしている．そのため，ゴーシュ逆行列はサプライチェーンの分析に用いられることが多い．地域経済の原動力を需要主導ととらえるか供給主導ととらえるか，さらには主要産業や

基盤産業をどのように定義するかによって，これらを使い分ける必要があるように思われる．そのため，本章で行った方法は，地域の基盤産業を特定するための一つの試みであることを念頭に置き，分析結果を解釈する必要があることを付記して，本章の結びとしたい．

注

1) この節の解説は，高瀬［2010］をもとに，本章の目的に合わせて用語や概念を再整理し，必要な部分を大幅に加筆したものである．
2) 各県のウェブサイトで公表されている2005年域内産業連関表の形式は，山田［2011］，経済産業省大臣官房調査統計グループ経済解析室［2011］，高瀬［2013］にまとめられている．
3) 例えば，Miller and Blair［2009］は，Chap.12でさまざまな指標を紹介し，それらの経済学的な意味と数学的な扱い等を解説している．
4) 比較する6県のうち，兵庫県表では自家輸送部門を別掲していない．(8-24)式の調整は，部門分類の異なる地域産業連関を用いた分析を可能にする手段の一つである．
5) 本章で行った分析で基盤産業であると判定された産業の全てが製造業に属する産業部門であった．

参考文献

新井園枝・佐藤満［2011］「平成17年経済産業省地域間産業連関表」『産業連関──イノベーション＆IOテクニーク──』19(1)．
環太平洋産業連関分析学会編［2010］『産業連関分析ハンドブック』東洋経済新報社．
静岡県企画部［2010］『平成17年静岡県産業連関表』静岡県企画部政策推進局統計利用室．
総務省［2009］『平成17年（2005年）産業連関表──総合解説編──』経済産業調査会．
高瀬浩二［2010］「静岡県経済の産業連関分析」『SRI』（静岡総合研究機構），100．
─────［2013］「産業連関モデルによる生産誘発係数の都道府県比較」『経済研究』（静岡大学），17(4)．
土居英二・浅利一郎・中野親徳［1996］『はじめよう地域産業連関分析』日本評論社．
日本鉄鋼連盟［2015］『全国製鉄所見学MAP』(http://www.jisf.or.jp/kids/iku/map.html, 2015年12月24日閲覧)．
山田光男［2011］「2005年地域産業連関表の比較と評価」『産業連関──イノベーション＆IOテクニーク──』19(1)．
Miller, R. E. and P. D. Blair [2009] *Input-Output Analysis: Foundations and Extensions*, 2nd. ed., Cambridge: Cambridge University Press.

第9章

システムダイナミックス

はじめに

　地域経済を研究し，その課題を解決するための手法の一つに，システムダイナミックス（system dynamics，以下SD）がある．この手法は，1972年のローマ・クラブによる『成長の限界』［Meadows *et al.* 1972］によって一般に注目されるようになったもので，都市問題を解決してきた実績がある．システムダイナミックスは，1956年にマサチューセッツ工科大学のジェイ・フォレスターにより開発されたシミュレーション手法であり，企業活動の成長から衰退への時間的変化を研究するインダストリアル・ダイナミックス［Forrester 1961］という名前で始まり，都市の再開発計画をシミュレーションするアーバン・ダイナミックス［Forrester 1969］へ発展し，その後，整理統合されてシステムダイナミックスとなった．

　アーバン・ダイナミックスのユニークな洞察は，世界中の都市計画関係者の注意を引き付け，日本でも，県の総合計画等との関連で，策定支援用のシミュレーション・ツールとしてシステムダイナミックスによる地域モデルが開発された先行事例がいくつもある．兵庫ダイナミック・モデル（1973年）がよく知られているが，これは，環境や資源の制約がもたらす成長の限界を明らかにしようとするものであり，『成長の限界』の流れを汲む［松崎・宮崎 1976］．開発当初より，思考実験プロジェクトとしての性格を備えていたが，現在では，将

来推計モデルというよりは，行政と住民が県政を共に考えるコミュニケーション・ツールへと変貌を遂げている（ヒアリングによる）．静岡県に関しては，1984年にDYNAMOというプログラミング言語で静岡県SDモデルが開発されているが，産業連関表から供給面をみているため，経済成長の長期的な動向を探る目的には向いていない．システムダイナミックスによる地域モデルの多くは，1970年代から80年代にかけて開発されており，右肩上がりの経済成長が続く状況を前提に設計されている．このため，現在，課題となっている人口減少や経済成長の終焉を考察するメカニズムのものではなかった．

しかしながら，システムダイナミックスは，他の動学的アプローチと比べ，非線形の関係式を利用したり，複雑なタイムラグを取り扱ったりするのに優れた手法であるため，本書の執筆チームは現実に即した人口減少を再現し，その経済への影響を分析するための手法として新たな静岡SDモデルを開発した［静岡総合研究機構 2006］．

人口減少社会という未知の時代を迎えた現在では，人口推計をより正確に行う必要がある．労働力となる生産年齢人口の推計が重要である．従来のSDモデルにみられる数本の方程式から計算する人口推計では限界がある．また，人口減少に伴う労働者不足の影響や内需の減少を知るためには，産業構造を第1次・第2次・第3次産業の3部門レベルより詳しく調べる必要がある．

このため本研究では，統計的な手法であるコーホート要因法（cohort-component method）を人口推計に採用し，SNA産業分類を導入することにした．また，域内投資の調整過程を組み込むなど，経済変数の多くを内生化させた．これにより，経済活動の動態的なシミュレーションを基礎におきながら，人口減少社会の静岡県の将来像を描くことを可能にした．

筆者は，静岡総合研究機構との共同研究を経た後，1975年から2000年の国勢調査を基に静岡県の人口減少社会の将来像を探る地域SDモデルを開発し，「2007年問題[1]」等の具体的な影響を明らかにした［山下 2007］．その後も，2005（平成17）年の国勢調査の結果を踏まえてモデルを発展させ，女性労働力の活用

[山下 2010]，東日本大震災の影響等 [Yamashita 2011] を調べてきた．本章では，これらに準拠して，システムダイナミックス・モデルの活用について論じることとする．

1 モデルの構造

元来，経済と人口には密接な関係がある．人々が生きていくためには所得が必要であり，その大部分は就労することによって得られる．したがって，地域産業による雇用は，地域の人口を決める重要な要因である．そのような観点から，地域経済モデルを，人口，労働，経済の3セクターから構築することとした．基本構造は次のようになる（図9-1）．

人口減少が地域経済に与える影響についてのシステムダイナミックス・モデルには [Kopainsky 2005] や [Weber 2010] の研究があるが，Kopainsky は人口と労働力を1本の微分方程式に，Weber は4本の方程式に集約している．これに対して，本章の研究では国勢調査に基づく人口統計を利用する．SNA 産業分類に対応させるためにはデータの組み換えが必要となるが，人口および世

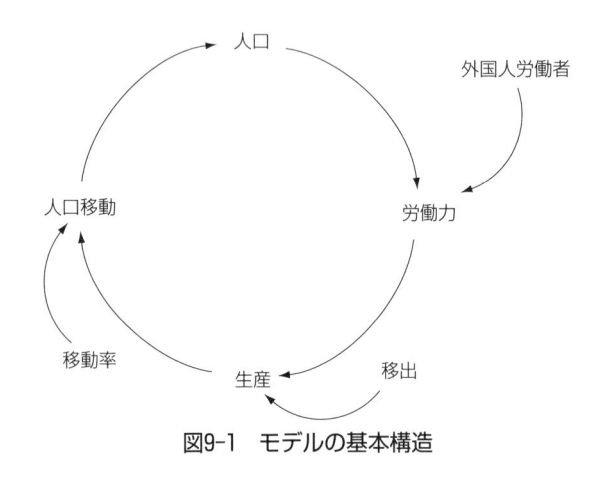

図9-1 モデルの基本構造

帯に関する全数調査である国勢調査からは各産業別の就業数も同時に得られる.また，システムダイナミックスのマクロ経済モデルへの応用については，藤正巌・松谷明彦［2000］でSNA統計の高度な記述方法としての可能性が検討されている．経済の需要面におけるSNA統計との対応を参考としながらも，本研究はマクロ経済の生産面を支える産業別の経済成長を予測するための手法の開発を目指すこととなる．

2　人口動態のモデル化

　静岡県の人口は，平成17年国勢調査により人口減少局面へ移行したことが確認された．総務省統計局人口推計の「平成12年及び17年国勢調査結果による補間補正人口」によれば，外国人人口の増加により総人口は増加傾向が続いているものの，日本人人口は2003（平成15）年の372万6000人をピークに減少に転じている．

　日本人人口の推計は，コーホート要因法により行う[2]．1〜100歳の人口は次の式で計算される．

$$P_{x+1} = P_x \times S_x + M_x \qquad (9\text{-}1)$$

ここで，P_xはx歳の期首人口，P_{x+1}は1年後の人口，S_xは生残率，M_xは純移動数を表す．人口は出生・死亡・移動を通じてその状態が変化するストック変数である（図9-2）[3]．

　また，静岡県では，製造業を抱える県西部（浜松市等）を中心に外国人人口が急速に増加している．外国人人口に関しては，推計の基礎データとなる出生・死亡・移動に関する統計資料が揃わないため，従来のペースによる増加（2000年度から2005年度の年平均3666人）を仮定した．

176 第Ⅱ部 応用編

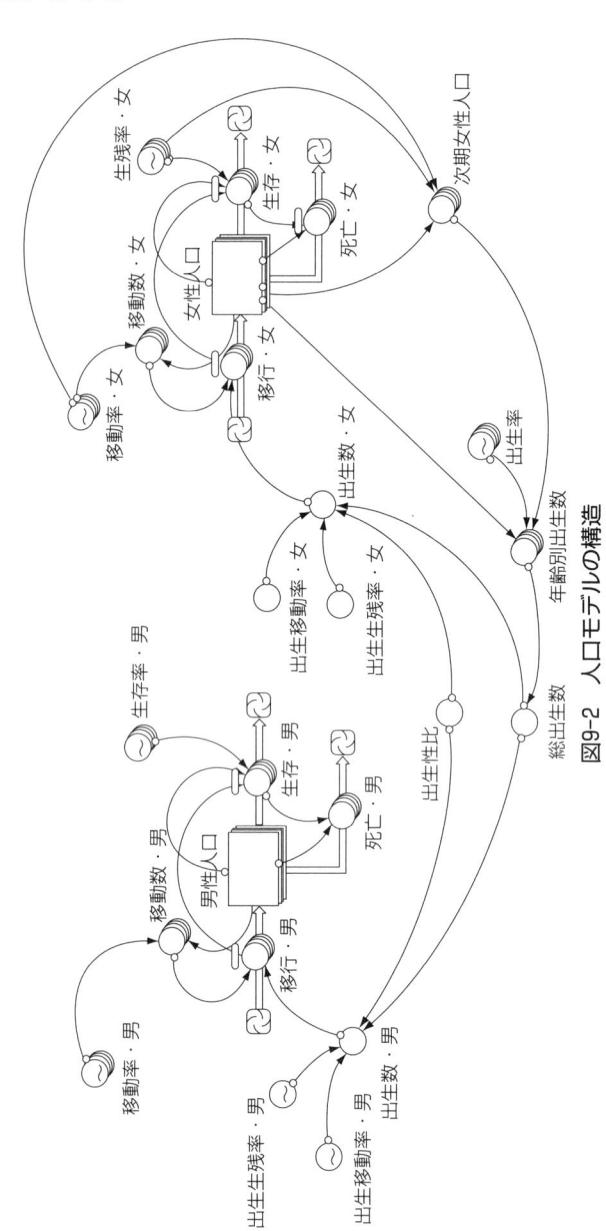

図9-2 人口モデルの構造

(出所) 山下 [2010].

3 労働力のモデル化

労働者数の計算にあたっては，国勢調査の5歳階級別のデータを用いた．男女5歳階級別人口に就業率を乗じて労働者総数を求めた（図9-3）．15〜19歳階級と20〜24歳階級においては1975年から1995年まで就業率の減少傾向が見られるものの，他の年齢階級では1975年から目立つ変動は無い．このため将来推計には，最新の2005年の就業率を仮定した．

さらに労働者は各産業に分かれて雇用されていくが，過去の実績値によると，人口動態にコーホート（cohort，同世代集団）がみられるように，産業別就業者数の比率にもコーホートがみられる．各コーホートの産業別の就業状態は新規採用時の比率を保ちながら推移している．産業別就業数の比率が，第1次産業から第2次産業，第3次産業へと移動していくペティ=クラークの法則は，専ら新規採用に相当する15〜19歳階級と20〜24歳階級においてのみ顕著である．そこで，このことに注目し，産業別労働者数の推計にあたっては，その構成比率を5年毎に上の年齢階級へ移動させ，間の各年は直線補間した値を用いることとした．

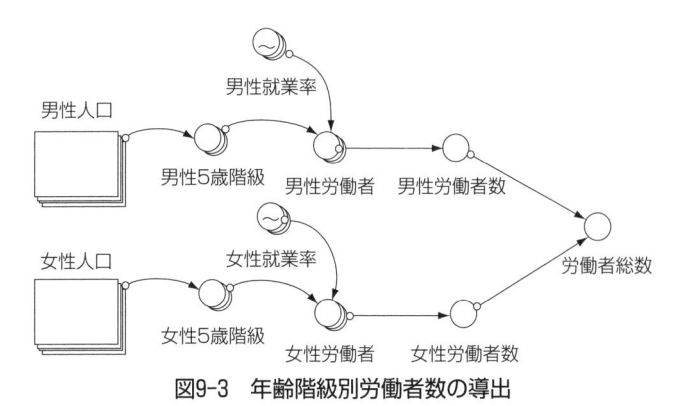

図9-3 年齢階級別労働者数の導出

(出所) 山下 [2010].

4　需要のモデル化

　経済活動は，財の生産と消費，つまり財の供給と需要に関わって継続的に行われている．地域における供給と需要の調整に関しては，ケインズ理論を援用することができる．地域経済の需要サイドを県民経済計算の体系としてモデル化しよう．県内総支出（gross prefectural domestic expenditure, GPE_t）の項目は，民間最終消費支出（CP_t），民間資本形成（I_t），公的資本形成（IG_t），政府最終消費支出（G_t），財貨・サービスの移出入（$EX_t - IM_t$），統計上の不突合（DIS_t）から構成されている．

$$GPE_t = CP_t + I_t + IG_t + GC_t + EX_t - IM_t + DIS_t \qquad (9\text{-}2)$$

総支出は地域経済の1年間のフローの経済活動状況をまとめたものであるが，添え字の t はその期間を表す．

(1) 民間最終消費支出

　民間最終消費支出は，県内総支出の構成において大きく安定的な項目である．民間最終消費支出関数は，県内総生産（gross prefectural domestic product, GPP_t）に依存するケインジアン型の消費関数を仮定する．少子化の影響を知るためには，人口構成や世帯構成といった社会的要因も加味したい．このため，本研究では，人口を変数として追加した．

$$CP_t = POP_t \times cp_t(GPP_t) \qquad (9\text{-}3)$$

ここで，POP_t は総人口である．

(2) 民間総資本形成

　民間総資本形成は，民間住宅投資（IH_t），民間企業設備投資（IP_t），民間在庫

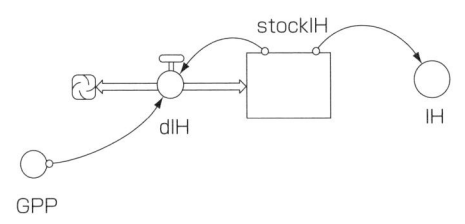

図9-4　民間住宅投資関数

投資（J_t）から構成されている．

$$I_t = IH_t + IP_t + J_t \tag{9-4}$$

民間企業設備投資や民間在庫投資が企業の行動であるのに対して，民間住宅投資は主として家計の行動である．したがって，前期の住宅投資と経済成長の度合いによって影響を受けると考えられる．本研究では，以下のような関数を考える．

$$IH_t = IH_t(IH_{t-1}, \Delta GPP_t) \tag{9-5}$$

ここで，$\Delta GPP_t \equiv GPP_t - GPP_{t-1}$である．遅れのある変数の制御がしやすいのは，システムダイナミックスでモデルを開発する上での利点である（**図9-4**）．

企業設備投資は，民間投資の中で大半を占めるものである．投資水準は地域内の所得と地域外の所得に依存すると考えられる．域外の所得に関しては，移出項目が極めて大きいことが静岡県の特徴であるから，移出される財の需要者である（静岡県を除く）全国のGDE（$JGDE_t$）の動向から設備投資関数を推計した．

$$IP_t = IP_t(GPP_{t-1}, JGDE_t) \tag{9-6}$$

民間在庫投資が総資本形成に占める割合はわずかであるが，これは変動の激しい項目である．生産と出荷のズレは景気変動と関係がある．在庫残高は，需

要の変動に対する生産調整の遅れから発生するが，企業は生産調整に1年以上の時間がかかるものと考えられる．推計が困難な項目であるが，本モデルでは，企業の生産計画が前期の経済成長率に影響を受けるものと想定して，次の関数で推計した．

$$J_t = J_t \left(\frac{GPP_{t-1} - GPP_{t-2}}{GPP_{t-2}} \right) \tag{9-7}$$

(3) 公的固定資本形成

公的固定資本形成は，前期の資本形成と当該地域の経済成長率に影響されると考え，次の式で推計した．

$$IG_t = IG_t \left(IG_{t-1}, \frac{GPP_t - GPP_{t-1}}{GPP_{t-1}} \right) \tag{9-8}$$

(4) 政府最終消費支出

県民経済計算の指針である93SNA[4]では，政府最終消費支出に新たに社会保障基金が記録されるようになった．このため，従来の政府最終消費支出と社会保障基金の2つに分けて推計した．

$$GC_t = GC1_t + GC2_t \tag{9-9}$$

$GC1$が従来の政府最終消費支出，$GC2$が社会保障基金である．

政府最終消費支出は，伝統的に，経済モデルの中では説明されない外生変数であるとみなされてきた[5]．しかし，経済社会の動きと必ずしも無関係に決定されているわけではない．本章では，所得と高齢者比率（SNR_t）との間に，次のような一定の関係を見出した．

$$GC1_t = GC1(GDP_t, SNR_t) \tag{9-10}$$

1990年度からは以下の式が追加される．

$$GC2_t = GC2(POP_t, SNR_t) \tag{9-11}$$

(5) 移出と移入

移出は国内他地域への厳密な意味での移出と輸出から構成され，また移入も同様に，厳密な意味での移入と輸入から構成されている．移入と輸入はともに県民所得の大きさに依存しているから，まとめて次の式で表すことができる．

$$IM_t = IM(GPP_t) \tag{9-12}$$

移出は，厳密な意味での移出と輸出を区別することとした．

$$EX_t = EXD_t + EXF_t \tag{9-13}$$

移出は，静岡県を除く日本のGDEの大きさに依存するものと仮定する．

$$EXD_t = EXD(JGDE_t) \tag{9-14}$$

他方で，輸出は対米ドル為替レート（YEN_t）に依存するものと仮定する．

$$EXF_t = EXF(YEN_t) \tag{9-15}$$

(6) 統計上の不突合

県内総生産と県内総支出は概念上一致すべきものであるが，統計作成時の推計方法が異なるため，推計値にくいちがいが生じる場合がある．統計上の不突合は，このくいちがいを調整する部分である．理論的にアプローチすることは難しいが，1975年度から2008年度にかけての静岡県の観測値は県内総生産と概ね次のような関係にあることが確認された．

$$DIS_t = DIS(GPP_{t-1}, GPP_{t-2}) \tag{9-16}$$

5　供給のモデル化

経済の供給サイドは，次の生産関数によってモデル化される．

$$\ln Y_i = A_i + \alpha_i \ln K_i + \beta_i \ln L_i \quad i=1, 2, \cdots, 14 \quad (9\text{-}17)$$

添え字の i は産業分類を表す．今回の推計では，県民経済計算の SNA 産業分類を使った[6]．Y_i は第 i 産業の生産額，K_i は資本ストック，L_i は労働力である．A_i, α_i, β_i はパラメータであり，その値は計量経済学的手法により推計される．パラメータ A_i は，資本や労働の投入要素の変化では説明できない産出の変化をもたらすものと考えられており，全要素生産性 (total factor productivity, 以下 TFP) と呼ばれる．TFP の値は多くの理由で変化するが，その変化は技術進歩によるものと解釈されることがある[7]．

製造業 ($i=5$) に関しては，技術進歩を考慮し，技術進歩率 λ を導入した．

$$\ln Y_i = A_i + \lambda t + \alpha_i \ln K_i + \beta_i \ln L_i \quad i=5 \quad (9\text{-}18)$$

(1) 労働力

労働力は，h を当該年度の労働時間数，EMP を就業者数として，次の式から求められる．

$$L_i = h_i EMP_i \quad (9\text{-}19)$$

(2) 資本ストック

資本ストックは，ある時点に存在しているすべての機械設備の量である．資本ストックは，(粗)投資 I により増加するが，稼動が続けば機械設備は摩耗していく．資本ストックの一定割合 δ が摩耗すると仮定すると，δ を減価償却

率（あるいは除去率）として，資本ストックと投資との関係は次のようにモデル化できる．

$$K_{it}=K_{it-1}+I_{it}-\delta_{it}K_{it-1} \tag{9-20}$$

$\Delta K_t \equiv K_t - K_{t-1}$ とすると，次式が得られる．

$$\Delta K_{it}=I_{it}-\delta_{it}K_{it-1} \tag{9-21}$$

他方で，財市場における企業活動を考慮すると，生産計画や投資計画は超過需要 $ED_i \equiv D_i - Y_i$ によって喚起されるものと考えられる．D_i は需要である．したがって，生産に必要な純投資と超過需要との間には以下のような関係があると想定される．

$$I_{it}-\delta_{it}K_{it-1}=v_i ED_{it} \tag{9-22}$$

(9-21) 式と (9-22) 式の関係から，資本ストックの成長は，前期の資本ストックに依存する要因と超過需要に依存する要因とからモデル化される．

$$\Delta K_{it}=K_i(I_{it},\delta_{it}K_{it-1},ED_{it}) \tag{9-23}$$

産業別の各期の投資額は，民間企業設備投資 IP_t に当該産業の前期資本ストックが全県の前期資本ストックに占める割合を乗じて求めることとした．(9-23) 式を次のように設定した．

$$\Delta K_{it}=\frac{K_{it-1}}{\sum K_{it-1}}IP_t-\delta_{it}K_{it-1}+v_i ED_{it} \tag{9-24}$$

6 モデルの全体像

県民経済計算の定義に従い，各産業の生産額 Y_i の合計に，輸入品に課される税・関税の推計値を加え，総資本形成に係る消費税と帰属利子の推計値を控

184　第Ⅱ部　応用編

図9-5　モデルの全体像

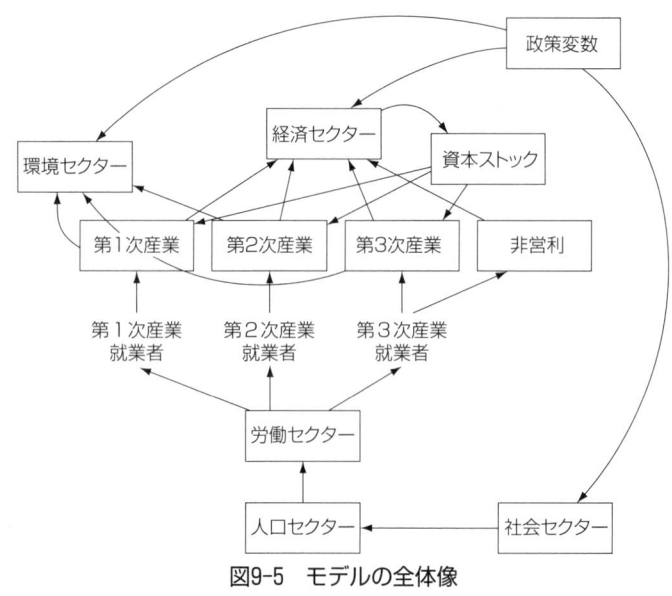

(出所) 山下 [2010].

除したものを県内総生産と呼ぶことにする．GPE が示す需要面と，GPP が示す供給面の動きが各産業の市場を中心に調整されていく．地域内と地域外からの需要は，平成12年産業連関表にしたがって各産業に配分される．モデルの全体像は図9-5のようになる．

7　将来推計

　以上のようなモデルを構成する諸関数は，主に『県民経済計算年報』の1975年度から2008年度までの名目値を2000年の暦年価格で実質化し，それをもとに推計した．就業者数は『国勢調査報告』，労働時間は『静岡県毎月勤労統計調査年報』，資本ストックは『民間企業資本ストック年報』から計算して求めた．静岡県の将来像を探ることとしよう．シミュレーションの期間は，1975年度か

図9-6　県内総生産の将来推計

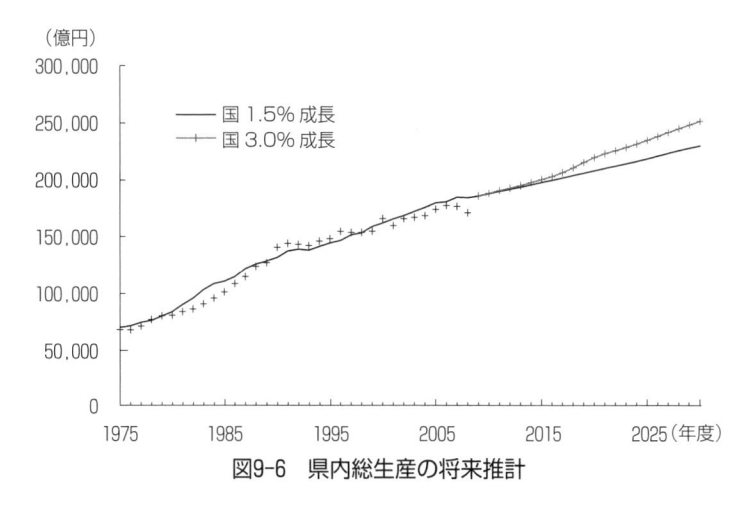

ら2030年度にかけて行うこととした．[8]

(1) 県内総生産の将来推計

　静岡県経済の動向は，日本の経済成長に大きく依存している．2009年度以降の $JGDE_t$ 成長率が1.5％，3.0％の各ケースに応じて，県内総生産のシミュレーションを行ったのが図9-6のグラフである．グラフ中の＋は観測値を示している[9]（以下，同じ）．

(2) １人当たり県内総生産の将来推計

　たとえ経済全体が縮小傾向にあっても，人口減少は県民１人当たりの所得をしばらくは逆の方向へ変化させる可能性がある．図9-7は，人口１人当たり県内総生産の推移をみたものである．図9-7は，$JGDE_t$ 成長率1.5％で2027年度，3.0％では2019年度をピークに対前年度成長率が減少傾向にあり，傾きが緩やかになる．

図9-7 人口1人当たり県内総生産の将来推計

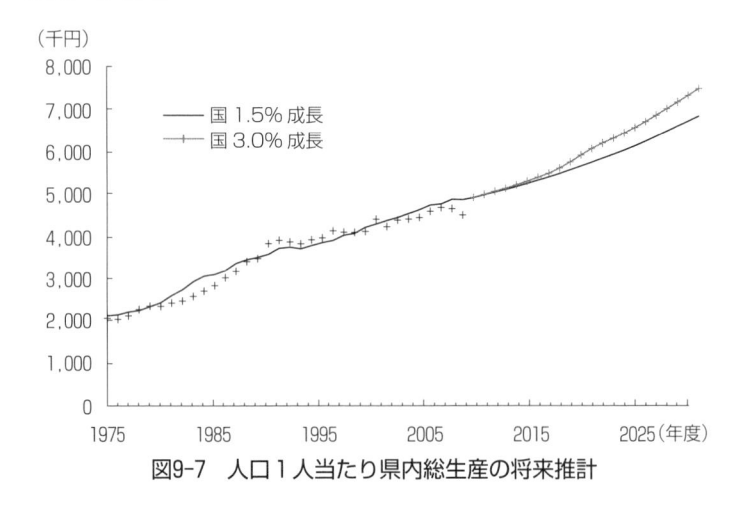

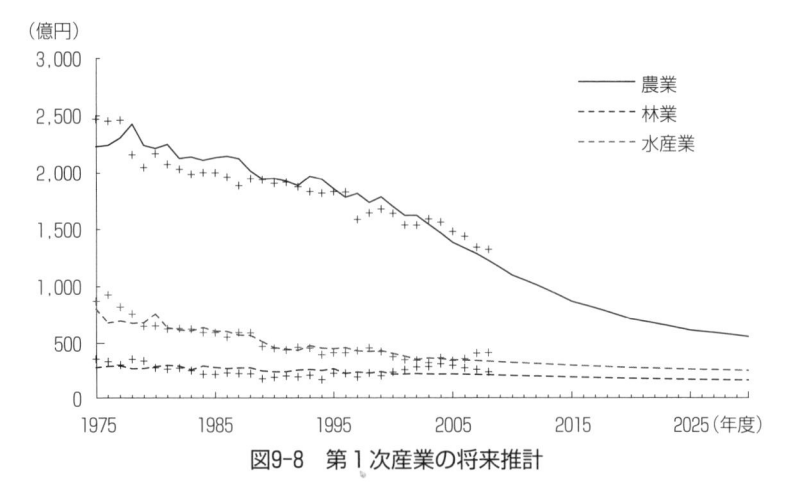

図9-8 第1次産業の将来推計

(3) 産業別の将来推計

$JGDE_t$ の成長率を1.5％と仮定し，第1次産業，第2次産業，第3次産業における各産業別の生産額の推移を求めた結果は図9-8，9-9，9-10のようになる．1975年度から2008年度にかけての実績値の動きがモデルでも再現されている．また，現在のところ，推計した通りに各産業が推移している．

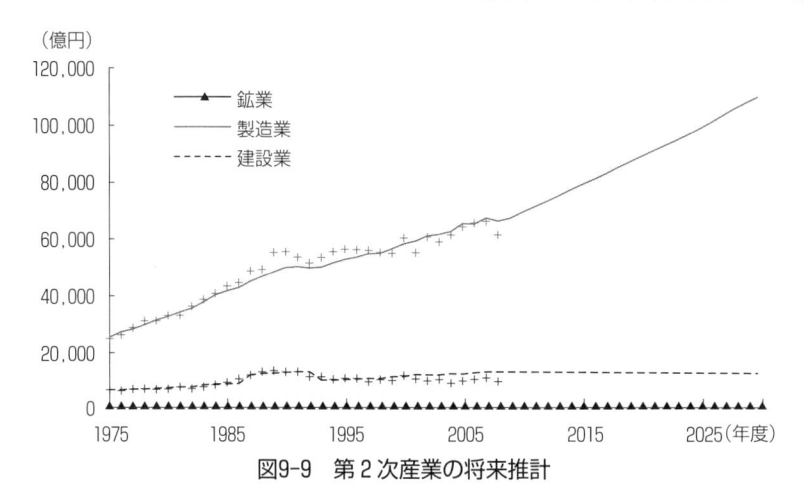

第 9 章　システムダイナミックス　*187*

図9-9　第2次産業の将来推計

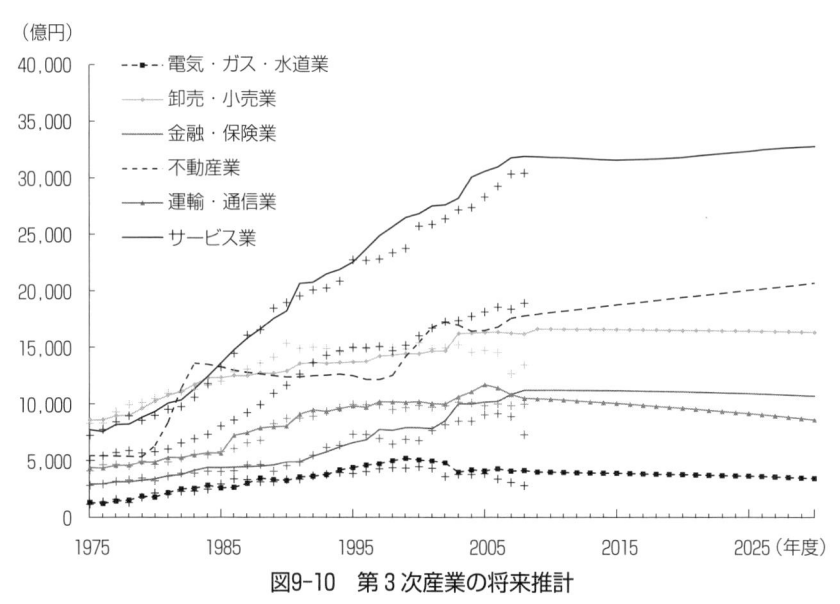

図9-10　第3次産業の将来推計

おわりに

　以上，地域経済におけるシステムダイナミックスの利用を考察してきた．わが国が直面している人口減少は，急速な人口の高齢化を伴うものであるから，社会保障の負担を生産年齢人口が支えられるかどうかという課題が関心を集めている．他方で，図9-7が示すように，人口減少になってもしばらくの間は人口1人当たり所得が高い成長率を維持する可能性がある．この所得の伸びが負担の重みで損なわれる前に，地域経済の成長を持続させる方策を戦略的に策定する必要がある．

　また，経済の供給面では，高付加価値や新しい産業を求める人々の関心が，産業のサービス化・IT化に集まっている．だが，人口減少社会では域内需要が不足するため，図9-10からわかるように，内需依存型の産業に成長はあまり望めない．東京型の成長モデルに拘ることなく，得意な製造業に磨きをかけていくことが，静岡県にとっては堅実な成長戦略であると考えられる．

　なお，本研究の成果は以下のように整理される．

(1) 地域経済モデルを人口モデルと同期させることで，人口減少社会の将来像を知ることができた．人口が減少局面を迎えた後も，県内総生産がしばらく上昇を続けるため，人口減少の影響が人口1人当たり所得に反映されるには猶予がある．

(2) 産業別の生産活動をモデル化することで，経済成長における地域特性を詳細に表現することができた．

(3) 地域経済モデルをSDモデルとして構築しておけば，政策シミュレーションを組み合わせることで，地域固有の課題解決の方策を探ることができる．

付録　諸関数の推計結果

各推計式の係数の下の括弧内は t 値であり，R^2 は決定係数，$\overline{R}^2$ は自由度修正済決定係数である．

$$CP_t = POP_t \underset{(13.21076)}{(0.004831)} + \underset{(30.69865)}{0.0000000845} GPP_t) \quad R^2 = 0.968153$$

$$IH_t = \underset{(0.910570)}{535.8356} + \underset{(10.12508)}{0.879356} IH_{t-1} + \underset{(3.057306)}{0.083022} \Delta GPP_t$$

$$\overline{R}^2 = 0.762300$$

$$IP_t = \underset{(-1.177560)}{-5162.965} - \underset{(-0.622757)}{0.063266} GPP_{t-1} + \underset{(1.865556)}{0.007596} JGDE_t$$

$$\overline{R}^2 = 0.769497$$

$$J_t = \underset{(1.778971)}{393.8019} + \underset{(2.881592)}{14531.30} \frac{GPP_{t-1} - GPP_{t-2}}{GPP_{t-2}} \quad R^2 = 0.216783$$

$$IG_t = \underset{(0.292032)}{139.0962} + \underset{(14.02900)}{0.959804} IG_{t-1} + \underset{(1.903117)}{5045.624} \frac{GPP_t - GPP_{t-1}}{GPP_{t-1}}$$

$$\overline{R}^2 = 0.867421$$

$$GC1_t = \underset{(-2.661709)}{-1110.942} + \underset{(4.203154)}{0.038115} GPP_t + \underset{(5.883783)}{45798.02} SNR_t$$

$$\overline{R}^2 = 0.962421$$

$$GC2_t = \underset{(-2.730881)}{-63880.94} + \underset{(2.592420)}{0.017124} POP_t + \underset{(4.621495)}{41672.27} SNR_t$$

$$\overline{R}^2 = 0.946344$$

$$EXD_t = \underset{(-0.586015)}{-2413.514} + \underset{(28.07689)}{0.027773} JGDE_t \quad R^2 = 0.962163$$

$$EXF_t = \underset{(27.28730)}{27260.64} - \underset{(-12.58582)}{70.23132} YEN_t \quad R^2 = 0.836328$$

$$IM_t = \underset{(5.861061)}{23562.95} + \underset{(22.73795)}{0.681894} GPP_t \quad R^2 = 0.941714$$

$$DIS_t = \underset{(-4.853638)}{-9559.384} - \underset{(-1.117302)}{0.146274} GPP_{t-1} + \underset{(2.032169)}{0.262115} GPP_{t-2}$$

$$\overline{R}^2 = 0.703477$$

$$\ln Y_1 = \underset{(-3.597967)}{-6.242561} \underset{(-.787144)}{-0.061565} \ln K_1 + \underset{(11.72650)}{0.686239} \ln L_1$$

$$\overline{R}^2 = 0.884680$$

$$\ln Y_2 = \underset{(-0.416529)}{-1.157894} + \underset{(1.008477)}{0.252434} \ln K_2 + \underset{(4.099451)}{0.318611} \ln L_2$$

$$\overline{R}^2 = 0.464027$$

$$\ln Y_3 = \underset{(-0.819540)}{-1.237120} \underset{(-0.155110)}{-0.026201} \ln K_3 + \underset{(13.83329)}{0.449974} \ln L_3$$

$$\overline{R}^2 = 0.851884$$

$$\ln Y_4 = \underset{(-5.499822)}{-10.23357} + \underset{(5.598710)}{0.440990} \ln K_4 + \underset{(8.237382)}{0.844436} \ln L_4 + \underset{(5.037198)}{0.358837} D_1$$

$$\overline{R}^2 = 0.730730$$

D_1 は，バブル期を挟む1987〜1992年度を1とするダミー変数.

$$\ln Y_5 = \underset{(-9.295005)}{-9.676659} + \underset{(5.271721)}{0.025439} t + \underset{(0.921397)}{0.093934} \ln K_5 + \underset{(0.921397)}{0.906066} \ln L_5$$

$$\overline{R}^2 = 0.976526$$

$$\ln Y_6 = \underset{(0.305486)}{1.58847} + \underset{(8.308815)}{0.430497} \ln K_6 + \underset{(0.672668)}{0.189328} \ln L_6 + \underset{(7.744544)}{0.299554} D_1$$

$$\overline{R}^2 = 0.904217$$

$$\ln Y_7 = \underset{(-4.485774)}{-20.97867} + \underset{(18.24317)}{0.742716} \ln K_7 + \underset{(4.647155)}{1.303992} \ln K_7$$

$$\overline{R}^2 = 0.917184$$

$$\ln Y_8 = \underset{(0.744038)}{1.688051} + \underset{(23.23788)}{0.548451} \ln K_8 + \underset{(1.155841)}{0.125214} \ln L_8$$

$$\overline{R}^2 = 0.945205$$

$$\ln Y_9 = \underset{(-0.330157)}{-0.936927} + \underset{(26.33153)}{0.638944} \ln K_9 + \underset{(1.589534)}{0.242164} \ln L_9$$

$$\overline{R}^2 = 0.956738$$

$$\ln Y_{10} = \underset{(4.2779964)}{6.271571} + \underset{(22.70997)}{0.793854} \ln K_{10} \underset{(-2.227992)}{-0.222884} \ln L_{10}$$

$$\overline{R}^2 = 0.975018$$

$$\ln Y_{11} = \underset{(-1.285265)}{-9.319300} + \underset{(10.75301)}{0.374312} \ln K_{11} + \underset{(1.942416)}{0.762221} \ln L_{11}$$

$$\overline{R}^2 = 0.967116$$

$$\ln Y_{12} = \underset{(-2.980747)}{-12.51872} + \underset{(11.72147)}{0.409626} \ln K_{12} + \underset{(4.069286)}{0.902234} \ln L_{12}$$

$$\overline{R}^2 = 0.991023$$

$$\ln Y_{14} = \underset{(9.172585)}{3.464534} + \underset{(20.17068)}{0.528566} \ln K_{14} + \underset{(0.369284)}{0.049634} \ln E_{14}$$

$$\overline{R}^2 = 0.977790$$

政府サービス部門は,下記の式で推計した.

$$Y_{13} = \underset{(-0.232006)}{-454.9493} + \underset{(8.440735)}{0.064642} GPE_t + \underset{(0.468347)}{0.012429} E_{13}$$

$$\overline{R}^2 = 0.943265$$

注

1) 団塊世代の定年退職が始まる2007年を目前にして,労働者不足をどのように乗り切るかということが企業の重要な課題となった時期がある.
2) 人口推計は,財団法人静岡総合研究機構との共同研究で行われた.推計の基本要素である出生率・生残率・移動率等の諸仮定は,国立社会保障・人口問題研究所の推計方法に準じて設定された.全国平均と静岡県の格差は加味されている.
3) 本研究では,STELLAでモデルを開発した.
4) 93SNAとは,国際連合が1993年に勧告した国民経済計算の体系である.日本では2000年に,従来の体系であった68SNAから93SNAへ移行した.
5) 政府最終消費支出の取り扱いに関しては,例えばHall and Taylor [1997] のChapter 13を参照のこと.
6) 農業,林業,水産業,鉱業,製造業,建設業,電気・ガス・水道業,卸売・小売業,金融・保険業,不動産業,運輸・通信業,サービス業,政府サービス,対家計民間非営利サービスの14部門である.
7) McCann [2001] のChapter 6を参照.
8) 将来推計の期間を2030年までにしたのは,開発当時,静岡県の総合計画が2020年代を視野に入れているためである.
9) 基準とした1.5%という値は,1998年度から2008年度までの$JGDE_t$の平均成長率である.

参考文献

静岡総合研究機構［2006］『静岡県総合計画人口・経済フレームに係るモデル開発』.
藤正巌・松谷明彦［2000］『システムダイナミックス（SD）モデルによる日本の経済構造（1955-1998）』政策研究大学院大学.
松崎功保・宮崎秀紀［1976］「SDによる長期総合計画策定支援システム――兵庫ダイナミック・モデル――」『オペレーションズ・リサーチ』21(3).
山下隆之［2007］「人口減少社会の地域マクロ経済モデル――静岡県経済のシミュレーション――」『経済政策ジャーナル』4(2).
―――［2010］「地域マクロ経済のSDシミュレーション」『システムダイナミックス』9.
Forrester, J. W. [1961] *Industrial dynamics*, Waltham, MA: Pegasus Communications（石田晴久・小林秀雄訳『インダストリアル・ダイナミックス』紀伊国屋書店, 1971年).
―――[1969] *Urban Dynamics*, Waltham, MA: Pegasus Communications（小玉陽一訳『アーバン・ダイナミックス――都市のシステム構造と動的挙動モデル――』日本経営出版会, 1970年).
Hall, R. E. and J. B. Taylor [1997] *Macroeconomics*, 5th ed., New York: W. W. Norton & Company.
Kopainsky, B. [2005] *A System Dynamics Analysis of Socio-economic Development in Lagging Swiss Regions*, Aachen: Shaker Verlag.
McCann, P. [2001] *Urban and Regional Economics*, Oxford: Oxford University Press（黒田達郎・徳永澄憲・中村良平訳『都市・地域の経済学』日本評論社, 2008年).
Meadows, D. H., Meadows, D. L., Randers, J. and W. W. Behrens III [1972] *The Limits to Growth*, New York: Universe Books（大来佐武郎監訳『成長の限界――ローマ・クラブ人類の危機レポート――』ダイヤモンド社, 1972年).
Weber, L. [2010] *Demographic Change and Economic Growth: Simulations on Growth Models*, Berlin: Physica-Verlag.
Yamashita, T. [2011] "A System Dynamics Approach to the Regional Macro-economic Model," *Proceedings of the 29th International Conference of the System Dynamics Society*, System Dynamics Society.

終章
政策的提言

1　需要面からみた経済成長

需要主導型モデルに従うと，地域の総需要の変化は次のように分解される．

$$\Delta E = \Delta C + \Delta I + \Delta G + \Delta X - \Delta M \qquad (10\text{-}1)$$

域内の民間消費 C を増加させる政策としては，所得税の減税や地産地消の推進等が考えられる．民間投資 I を拡大させる政策としては，企業誘致や新産業の創出等が考えられる．第2章で見たように，静岡県では経済成長における投資の寄与度が落ちてきている．政府支出 G の拡大には，従来は道路やダム等のインフラ整備が盛んであったが，近年は限界に近い．他方で，高齢者福祉に関連する支出が増えているが，これは乗数効果を期待しにくいであろう．移出 X を増加させるためには，域外では品質や価格の面で供給することが難しい財を育てていく必要がある．

外需に期待するという意味においては，近年，観光産業が注目されている．第3章でみたように，静岡県の伊豆半島は全国有数の観光地であり，宿泊業，飲食サービス業が基盤産業になっている市町が多い．観光産業は第1次産業から第3次産業まで幅広い業種を含む複合的な産業であることから，大きな波及効果が期待できる．しかし，観光需要には波があり，静岡県の宿泊者数がピーク時の2765万人（1991年）から1881万人（2014年）へと7割以下に減少している

[静岡県観光政策課 2015]．それに伴い，旅行消費額は7878億円（2003年）[1]から5566億円（2010年）［片岡 2012］，県内総生産に占める割合は2.04％から1.40％へとそれぞれ減少している．新たに整備された富士山静岡空港や新東名高速道路を活用した観光需要創出が重要である．

県が主導した富士山静岡空港については，空港を発着する観光・ビジネス客や送迎者の支出，空港関連支出などにより，開港4年で857億7000万円（年間約215億円），雇用創出効果5814人（年間1453人）の経済波及効果をもたらしており，その効果は少なくない[2]．

2 産業基盤を生かした経済成長

需要主導型モデルは，内外からの需要増が地域の所得に及ぼす影響を明らかにするとともに，それらによる地域経済の成長可能性を示している．域外需要を取り込むことができれば地域所得は増加する．とりわけ移出の役割は重要である．

また，地域政策にとっては乗数効果が重要である．新規投資や公共投資による需要増は，地域内で供給される財・サービスに対するさらなる需要を生み，産業間の波及効果を通じて所得と雇用を増加させるからである．しかし，対象が地元企業ではなく，域外の大企業である場合には注意が必要であろう．新規投資や公共投資による需要増は初期の段階から域外へ漏出するからである．企業誘致の実りが少ない場合は，こうした漏出が関係しているかもしれない．地域政策企画立案者は，乗数効果に与える地域特性を分析し，地域の産業基盤を生かすことが必要である．

ところで，産業空洞化（hollowing out of industry）という現象がある．国内企業の生産拠点が海外に移転することにより，当該国内産業が衰退していくことである．日本では繊維産業がその顕著な例であるが，静岡県の製造業は大丈夫なのであろうか．図10-1は，縦軸には総雇用者数に占める製造業の就業者数

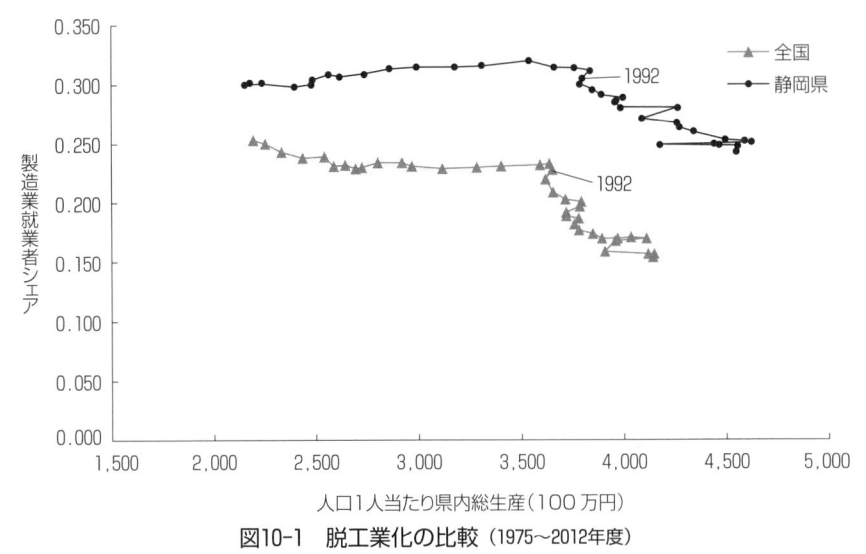

図10-1　脱工業化の比較（1975〜2012年度）

（出所）内閣府経済社会総合研究所『県民経済計算』各年版より筆者作成．

の比率，横軸に1人当たり域内総生産を測っている．

　製造業の就業者比率の低下は，脱工業化（deindustrialization）の進行を示している．脱工業化には経済の成熟に伴うプラス（positive）の面とマイナス（negative）の面がある．プラスに働けば完全雇用と実質所得の上昇が期待されるが，マイナスに働けば失業の増加と実質所得の停滞がもたらされる．国内の脱工業化と輸出入や対外直接投資を通じた海外との関係については諸説があるが，一般にはマイナスの関係が産業の空洞化をもたらすものと考えられる．例えば繊維産業のように，自国の通貨の価値が上がり，海外で人件費を抑えた生産活動が可能になることが挙げられる．国内の雇用が悪化すれば，失業率が増し，景気や社会に悪影響を及ぼすのである．

　日本は，1990年代半ばから，断続的にマイナスの脱工業化を繰り返すようになった．静岡県は1990年代に入るまで製造業の就業者比率を伸ばしてきたが，1992年度を境にして，全国動向ほどではないもののマイナスの脱工業化を経験

するようになった．背景には，中華人民共和国（以下，中国）等への対外直接投資があり，静岡県の企業では自動車関連の製造業が多く中国に進出してきた．これまで国や自治体は中小企業の海外進出を積極的に支援してきたが，今後は自地域から海外へ転出することを計画している企業を引きとどめることも自治体にとっては重要である．

3 産業と人口

地域の就業者と人口には強い関係がある．例えば，2010年の国勢調査データを用いて，静岡県内の35市町の就業者数と人口の相関係数を求めてみれば0.998となり，強い正の相関が認められる．地域の働き手の数が当該地域の人口の大きさに大きく作用することは，当然のことと言えば当然であると言えよう．しかしこの特性を利用して，地域の基盤産業（主要産業）に産業振興の力点を置いた政策を採用すれば，それに伴う人口増加を定量的に評価することが可能となる．そのような取り組みの一つが，第3章でも紹介した総務省統計局の分析である[3]．この分析では，まず経済センサスのデータに回帰分析を適用して地域全体の従業者数を基盤産業従業者数×6.5と算定し，さらに従業者1人が平均して2人の生活を支えているとして，地域の人口が基盤産業従事者の13倍に比例すると見積もっている．この結論により，例えば地域の人口を1万人増加させたいときは，基盤産業の雇用を新たに770人分創出する必要があると説明している．

しかし，統計局の分析は全国の市町村データを用いて分析しているため，従業者に見られる地域の産業構造の特徴が反映されていないという問題点がある．そこでこの点をより明確に反映させるために，モデルとデータの修正を行った上でその試算結果を以下で示しておこう．

利用したデータは，2010年の国勢調査における静岡県35市町の人口数と産業別就業者数のデータである．なお，第3章と同じく従業者ではなく就業者を用

表10-1 人口と就業者の回帰モデル

回帰分析の結果		モデル①	モデル②
被説明変数		地域内の就業者数	地域の人口
説明変数		各地域の基盤産業の就業者数	地域内の就業者数
決定係数		0.940	0.988
定数項	推定値	−11526.911	17997.483
	P値	0.0074	3.365E-05
回帰係数	推定値	3.048	2.191
	P値	1.028E-21	5.151E-33

いている．また各地域の基盤産業については，第3章の**表3-10**における「特化係数を利用した場合」の1位に挙げられた産業を用いた．まず分析の第一段階となる回帰モデル（モデル①）であるが，これは被説明変数として各市町で就業している当該市町の就業者数を充てた．最終的には当該市町の人口増加を予測することが目的のため，他地域からの流入者および他地域への流出者の影響を除去するためである．また説明変数としては，各市町の第1基盤産業の就業者を用いた．ただしこれは他地域からの就業者も含んでいる．当該市町の第1基盤産業における就業者のみを増やすような政策は現実的には難しいと考えたからである．このようなモデル①を前提にして，さらに被説明変数を各地域の人口数，説明変数を各地域内の就業者数（当該市町で就業する就業者）とする回帰モデル（モデル②）を設定し，パラメータの推定を行った．

推定結果は**表10-1**に示されている．この表の推定結果から，モデル①およびモデル②については，回帰係数および定数項のすべてにおいて有意水準0.01および0.05で有意性が認められ，決定係数の数値も高くデータに対する当てはまりの良いモデルであることが示された．この結果から，前述の統計局による試算と同様の結論を導き出すと，静岡県の場合，例えば各地域で人口1万人の増加を目的とした場合，各地域で示された第1基盤産業の就業者数を1497人増加させるような産業振興政策を策定することが望ましいということになる．ただ

し，自衛隊の基地がある殿場市や小山町の場合，第1基盤産業が「政府サービス生産者」となっており，民間企業を前提とする産業振興政策とは異なる検討が必要となる．

4　供給面からみた経済成長

　需要に焦点を当てたアプローチが短期の経済成長を説明するのに対して，供給に焦点を当てたアプローチは長期の経済成長を説明する．県内総生産は生産要素である資本と労働に依存し，そしてそれら生産要素を産出に変える技術に依存する．

　新古典派成長理論によれば，労働や資本などの生産要素の地域間移動が自由であれば，初期の所得がどこから始まろうが地域間で資本－労働比率は等しくなり，生産要素価格の地域差は必ず消滅する．したがって，長期にわたり成長の地域格差が存在するとすれば，それは外生的に与えられた生産技術の違いに起因する．

　これに対して，内生的成長理論は，技術進歩こそが経済成長の原動力であると考え，技術進歩をモデルの中で内生的に説明しようと試みる．技術進歩を高める要因としては，企業の技術開発投資や労働者の教育水準等が指摘されてきた．

　経済成長論からわかることは，公共政策が長期的に県内総生産を増加させようとするならば，貯蓄を増やし，投資を増やして，資本ストックを増大させることと，教育を改善し，技術の改善を促して，労働の生産性を上げることである．

　技術進歩が生み出される背景として，近年，産業集積（industrial cluster）が注目されている．第1章で触れた通り，現在，静岡県では，地元企業や大学，公設研究所の集積を生かした，3つのクラスターが構想され，事業化が推進されている．県東部には県立の研究機関を中核とするファルマバレープロジェク

ト（医療・健康関連産業），県中部は県立大学が主導するフーズ・サイエンスヒルズプロジェクト（食品関連産業），県西部には地元の企業と大学が連携するフォトンバレー（光・電子技術関連産業）の「静岡新産業集積クラスター」がある．これらのクラスターでは，国や県の資金等を活用するとともに，クラスター間の連携を強化することで新たな基盤産業の創出を図っている．

なお，第1次産業においては，企業等の資本蓄積が十分でないことから，自ら技術開発を行って生産性の向上を図ることが困難な場合が多い．こうした地域では，企業等に代わり国・県等の公的資金を使った技術開発が重要である．

5　高等教育の充実

内生的成長モデルによれば，経済成長のためには教育水準の高い人的資本の蓄積が重要である．しかし，静岡県の人口の社会移動では若い年代の流出が目立っている．

第7章で見たように，若年層の社会移動の要因の一つが，大学，短大等への進学であると考えられる．文部科学省の学校基本調査結果をみると，2013年度の静岡県内の高校からの進学者のうち他県大学等への入学者は1万3316人，一方，県内大学・短大への県外からの入学者3324人と大幅な転出超過となっており，移動先は，東京都，神奈川県，愛知県が上位を占めている[4]．また，移動には，静岡県からの距離と大学の収容力の規模による影響が見受けられる（表10-2，図10-2）．

大学等の高等教育機関の収容力という面からみると，静岡県の学生収容力は[5]40％台と全国でも6番目に低い（表10-3）．静岡県の高等教育は，県内大学の収容力が少なく他都県の大学等に依存する割合が高いといえる．

このように，静岡県は学生が首都圏や愛知県に進学のために，転出（純転出）する人数が非常に多く，学生収容力が圧倒的に低い数値となって表れており，長期的にはこれを是正していくことが必要となる．

表10-2 県内高校出身者の都道府県別入学者数 (2013年)

(単位：人)

(転　出)	入学者	割　合	うち男	うち女
総　数	19,425	100.0%	10,153	9,272
静 岡 県	6,109	31.4%	2,564	3,545
東 京 都	3,703	19.1%	1,865	1,838
神奈川県	2,456	12.6%	1,400	1,056
愛 知 県	2,291	11.8%	1,265	1,026
それ以外	4,866	25.1%	3,059	1,807

(出所) 文部科学省『学校基本調査』平成25年版より筆者作成.

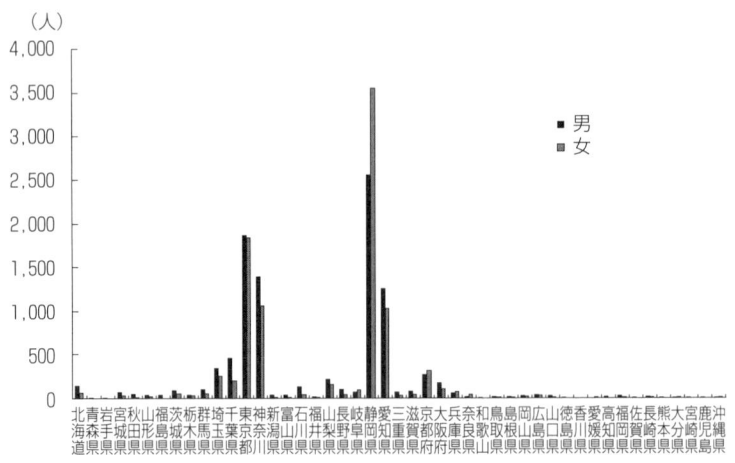

図10-2 静岡県高校出身者の他の都道府県大学・短大へ入学者数 (2013年)

(出所) 文部科学省『学校基本調査』平成25年版より筆者作成.

表10-3 大学・短大の学生収容力 (2013年)

	上　位			下　位	
1	京 都 府	224.9%	42	**静 岡 県**	**47.6%**
2	東 京 都	194.0%	43	香 川 県	46.3%
3	滋 賀 県	120.7%	44	福 島 県	41.6%
4	神奈川県	114.9%	45	三 重 県	39.2%
5	宮 城 県	113.0%	46	和歌山県	36.0%
6	福 岡 県	112.8%	47	長 野 県	35.3%

(出所) 文部科学省『学校基本調査』平成25年版より筆者作成.

ただし，単純に静岡県の学生は県内の大学に進学せよということは本来的に不可能であるし，首都圏や名古屋に近い本県の地理的特性上，相当数の学生が県外に進学することは前提とすべきことかもしれない．とはいえ，長期的な人的資本の蓄積を考えるならば，他の地方や首都圏からでも，「この大学なら進学したい」という特色ある大学や学部を県内に育てることは必要である．また，経済的理由から県内で自宅から通える大学に進学させたいという保護者のニーズもある．

　また，南海トラフ地震への不安を抱えながらも対策に必要な土木工学を研究する大学が県内になく，ものづくり県や健康長寿を謳いながらも中部と東部に工学部や医学部がないため地域への人材供給に偏りがみられることなど，以前から静岡県の高等教育の課題とされている状況は改善されていない．少子化の中で大学運営は一層厳しくなると考えられるが，こうした弱みを少しでも改善し，大規模地震対策や海洋資源の活用など，静岡県の特性を生かす方向で産官学が協力することが重要である．

6　女性の活躍推進

　人口の流出に関しては，女性人口の転出者に対して転入が少ない状況も明確である．その背景として，東京都との比較では，静岡県の基盤産業である製造業だけでなく，雇用における成長分野である福祉・介護サービス等でも就業者は減少するなど新規の就職市場で首都圏の影響を受けている可能性が大きい．

　女性の就業の状況を就業構造基本調査（2012年）の結果からみると，静岡県は全国に比べて，有業女性の比率は50.3％で全国7位であるが，育児をしている有業女性の比率は5.30％と全国30位と低迷している．また，年齢階級別の有業率をグラフにするといわゆるM字カーブが描かれるが，中部地方で静岡県より出生率の高い福井県[6]との比較では有業率はほぼ全年齢層で低く，全国と比較しても，ほぼ全年代で全国を上回っているのに対し，25～34歳の第1子誕生期

(有業率)

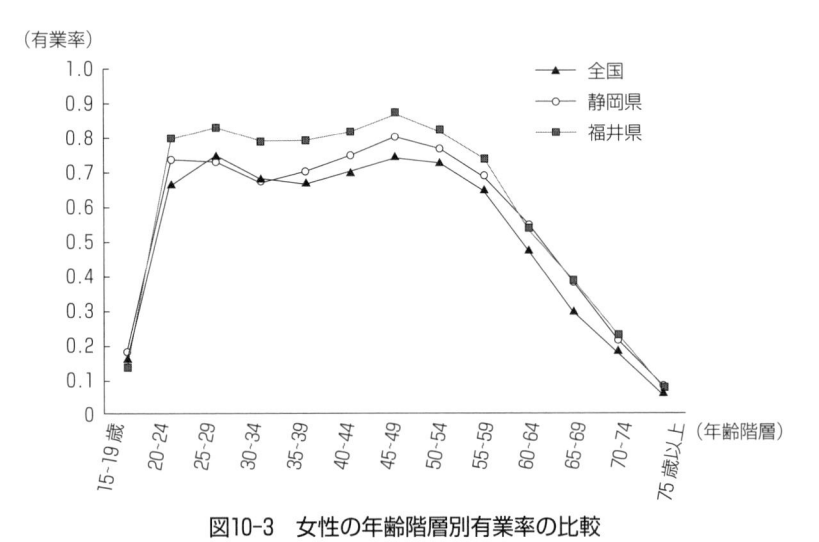

図10-3　女性の年齢階層別有業率の比較

（出所）総務省統計局『就業構造基本調査報告』平成24年版より筆者作成．

に有業率が下回っている．

　こうしたことから，特に子育てによる労働市場からの退出を極力減らすことが重要になる．具体的には，女性の戦力化に向けたキャリアパスなど企業の社員教育の見直し，出産期のブランクをマイナスにしない労務管理，出産から未就学児及び学童の保育体制，子育ての支援などについて福祉政策よりも産業戦略として，さらに積極的に取り組む必要がある．

　女性の労働力が上昇することにより，県民経済計算上は供給面で成長力の上昇にプラスとなるとともに，需要面でも働く女性の所得の増加による消費の増加をもたらす．また，企業の経営上も，新たな商品・サービスの開発に新しい発想をもたらす効果も期待できる．

注
1) 静岡総合研究機構［2006］における推計．
2) 静岡県空港利用政策課「富士山静岡空港県内経済波及効果分析結果」（受託：静岡大学富士山静岡空港地域経済波及効果分析調査研究プロジェクトチーム，2013年）によ

る．
3) 中村良平「地域産業構造の見方，捉え方」総務省統計局（http://www.stat.go.jp/info/kouhou/chiiki/，2015年12月21日閲覧）．
4) 学生の場合，進学のため転居しても，住民票の異動にどの程度反映されているかが不明である．なお，住民票の「異動」と住民の「移動」を区別して表記する．
5) 各都道府県の大学等の入学者数／当該県内高校の大学等への進学者数．
6) 2012年の合計特殊出生率は福井県が全国3位の1.60，静岡県1.52，全国1.41である．

参考文献

片岡達也［2012］「新たな観光資源の創作に向けて」『SRI』（静岡総合研究機構），106．
静岡県観光政策課［2015］『平成26年度　静岡県観光交流の動向』．
静岡総合研究機構［2006］『地域における国際観光戦略モデルの構築に関する研究』．

索　引

〈ア 行〉

アクティビティ・ベース　160
域内総生産（GRP）　32, 195
移出　1, 10 28, 42, 181
移出主導型モデル　35
移動効果指数　107, 113
移動選択指数　106, 113
移入　1, 33, 40, 181
移入係数　151
影響力係数　155, 162

〈カ 行〉

回帰分析　71, 77, 196
回帰モデル　141, 197
階層クラスター分析　125
可処分所得　33, 40
仮想的抽出法　158
観光産業　3, 10, 21, 28, 193
感応度係数　155, 162
技術係数　150
技術進歩　71, 77, 82, 182, 198
基盤産業　10, 28, 46, 52, 55, 57, 63, 148, 160, 164, 196
規模に関して収穫一定　42, 71
寄与度　38, 193
均衡産出高モデル　148
クラスター分析　111, 115, 117, 124, 129
グラビティモデル　121, 134
経済活動分類　57
経済基盤乗数　29, 32
経済基盤モデル　28
経済波及効果　3, 153, 194
限界移入性向　41
限界消費性向　34
限界貯蓄性向　72, 76
県内総生産（GPP）　1, 10, 17, 37, 178, 194
県民経済計算　5, 38, 57, 178, 202
工業整備特別地域整備促進法　14
後方連関　155
国土総合開発法　14
国内総生産（GDP）　10, 37
国民経済計算（SNA）　10, 37, 57, 173, 180
コブ＝ダグラス型生産関数　71
コーホート要因法　173

〈サ 行〉

最終財　149
最終需要　149
最小二乗法　121
産業空洞化　194
産業連関表　46, 64, 148, 173
産業連関モデル　148
システムダイナミックス　172
シフト・シェア分析　86
社会移動　120, 124, 199
修正特化係数　46, 64
主要産業　9, 155, 160
乗数効果　37, 41, 152, 193, 194
消費関数　33, 40, 72, 178
新古典派成長モデル　71
数量化スコア　109, 116, 117
数量化Ⅳ類　109, 115, 118
ストック　32, 73, 175
生産関数　69, 182
生産波及　148, 151
生産誘発係数　157, 162
成長率　1, 39, 86, 90
世界観光機関（UNWTO）　10
全国総合開発計画　14, 149, 167
前方連関　155
相関係数　2, 3, 131, 196
総合連関指標　158, 159, 162
粗付加価値　150

〈タ　行〉

第 1 次産業　　9, 49, 177, 186, 193, 199
第 2 次産業　　12, 50, 177, 186
第 3 次産業　　10, 50, 177, 186, 193
多部門モデル　　152
団塊の世代　　130
中間財　　37, 149
定常状態　　75
テクノポリス法　　25
投入係数　　150, 151
特化係数　　9, 14, 17, 30, 47, 162, 197

〈ナ・ハ行〉

内生的成長　　82, 198
21世紀の国土のグランドデザイン　　14
ファルマバレープロジェクト　　21, 198
フォトンバレー　　25, 199
付加価値効果　　11
フーズ・サイエンスヒルズプロジェクト　　24, 199
フロー　　32
ペティ＝クラークの法則　　12, 177

〈マ・ヤ・ラ行〉

モビリティ　　105
有効求人倍率　　143, 144, 147
旅行・観光サテライト勘定（TSA）　　10
レオンチェフ逆行列　　152
連関性　　154

《執筆者紹介》(執筆順,＊は編著者)

＊山下 隆 之(やました たかゆき)[はじめに,序章,第2・4・5・9・終章]
奥付参照

塚 本 高 士(つかもと たかし)[第1・7・終章]
1955年生まれ.慶應義塾大学経済学部卒業.静岡県くらし・環境部県民生活局長を経て,現在,静岡赤十字病院事務部長.「悪質事業者の取締りに係る法執行の現場から——静岡県の現状と取組み——」『現代 消費者法』19,2013年.「実践！地域経済分析 特化係数による地域経済の比較分析(共著)」『SRI』(静岡総合研究機構),96,2009年.『地域における国際観光戦略モデルの構築に関する研究』(NIRA 助成研究報告書,0656),静岡総合研究機構,2006年.

上 藤 一 郎(うわふじ いちろう)[第3・6・終章]
1960年生まれ.龍谷大学大学院経済学研究科博士後期課程単位取得満期退学.現在,静岡大学人文社会科学部教授.『調査と分析のための統計——社会・経済のデータサイエンス——(第2版)』(共著),丸善,2013年.『社会の変化と統計情報』(共編著),北海道大学出版会,2009年.『統計と統計理論の社会的形成』(共編著),北海道大学図書刊行会,1999年.

片 岡 達 也(かたおか たつや)[第3・終章]
1967年生まれ.静岡大学人文学部卒業.現在,静岡県経済産業部就業支援局職業能力開発課長代理.「新たな観光資源の創作に向けて——アニメとスポーツを例に——」『SRI』(静岡総合研究機構),106,2012年.

勝 山 敏 司(かつやま としじ)[第7章]
1972年生まれ.広島大学大学院生物圏科学研究科博士課程前期修了.現在,静岡県知事直轄組織東京事務所班長.静岡県総合計画基礎データ分析調査業務(SRI 受託事業,平成18〜19年度).

髙 瀬 浩 二(たかせ こうじ)[第8章]
1970年生まれ.早稲田大学大学院経済学研究科博士後期課程修了,博士(経済学).現在,静岡大学人文社会科学部教授.「廃棄物産業連関モデルによる消費者行動の分析」『日本 LCA 学会誌』(共著),2(1),2006年."An Analysis of Sustainable Consumption by the Waste Input-Output Model,"(共著)*Journal of Industrial Ecology*,9(1-2),2005.

《編著者紹介》

山下 隆之 (やました　たかゆき)

1962年生まれ
青山学院大学大学院経済学研究科博士後期課程標準修業年限満了退学（1990年）
専門分野：ミクロ経済学，産業組織論
現　　職：静岡大学人文社会科学部教授

主要業績

"A System Dynamics Approach to the Regional Macro-economic Model," *Proceedings of the 29th International Conference of the System Dynamics Society,* System Dynamics Society, 2011.

『はじめよう経済数学』（共著），日本評論社，2003年.

"Exchange Rates, Retail Prices, and Market Structure,"（共著）R. Sato, R. V. Ramachandran and K. Mino eds., *Global Competition and Integration,* Kluwer Academic Publishers, 1999.

静岡大学人文社会科学部研究叢書 No. 55
地域経済分析ハンドブック
──静岡モデルから学ぶ地方創生──

| 2016年3月30日　初版第1刷発行 | ＊定価はカバーに |
| 2018年3月25日　初版第2刷発行 | 表示してあります |

	編著者	山　下　隆　之 ©
編著者の了解により検印省略	発行者	植　田　　　実
	印刷者	田　中　雅　博

発行所　株式会社　晃 洋 書 房
〒615-0026　京都市右京区西院北矢掛町7番地
電話　075(312)0788番代
振替口座　01040-6-32280

ISBN978-4-7710-2733-6

印刷　創栄図書印刷㈱
製本　㈱藤沢製本

JCOPY〈(社)出版者著作権管理機構委託出版物〉

本書の無断複写は著作権法上での例外を除き禁じられています．複写される場合は，そのつど事前に，(社)出版者著作権管理機構（電話 03-3513-6969，FAX 03-3513-6979，e-mail: info@jcopy.or.jp）の許諾を得てください．